Kreative Strickideen

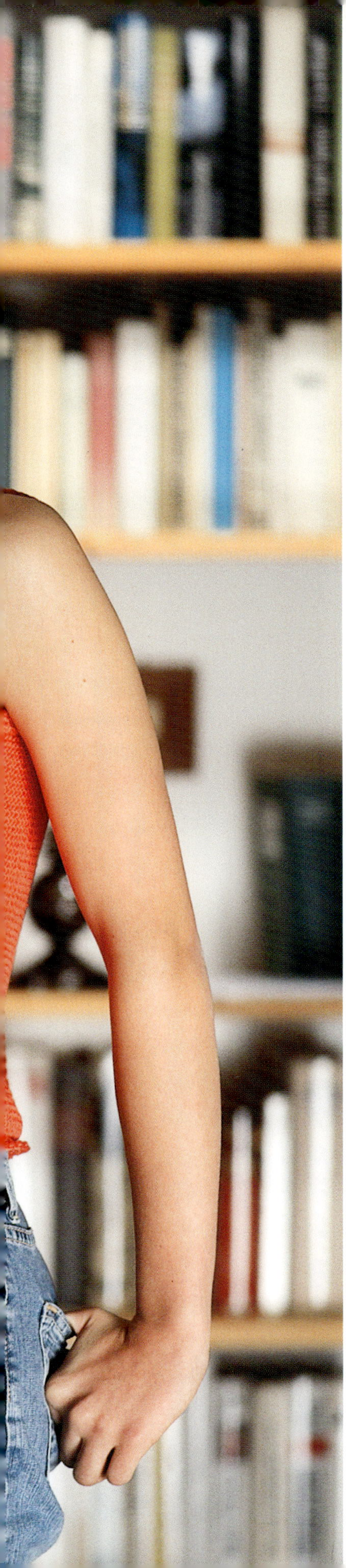

Ute Wallrodt

Kreative Strickideen

Schnell und einfach

Ravensburger Ratgeber
im Urania Verlag

Wir danken der Firma Schachenmayr für die freundliche Unterstützung.

Modellverzeichnis

Anja Carmen S. 6/7, 11, 17, 21, 23, 24, 27, 29, 34, 39, 41, 43, 57, 59, 63

Annika Mierke S. 6/7, 9, 13, 14, 17, 19, 27, 31, 37, 41, 49, 51, 54, 59

Nadine Diederichs S. 29, 33, 44, 47, 53, 61

Die Deutsche Bibliothek – CIP-Einheitsaufnahme
Ein Titeldatensatz für diese Publikation ist bei Der Deutschen Bibliothek erhältlich.
ISBN 3-332-01354-8

www.dornier-verlage.de
www.urania-ravensburger.de

Der Urania Verlag ist ein Unternehmen der Verlagsgruppe Dornier.

Umschlaggestaltung: Behrend und Buchholz, Hamburg
Fotos: Uli Staiger, Berlin
Modelle: Ute Wallrodt
Lektorat: Berliner Buchwerkstatt, Ivana Jokl/Vera Olbricht
Layout: tiff.any GmbH, Berlin
Gesamtherstellung: Urania Verlag, Berlin
Printed in Germany

Gedruckt auf alterungsbeständigem Papier mit chlorfrei gebleichtem Zellstoff.

Die Schreibweise entspricht den Regeln der neuen Rechtschreibung.

Stricken liegt voll im Trend! Obgleich das Stricken über Jahrhunderte zu den am meisten verbreiteten Handarbeitstechniken zählte, geriet es in den letzten Jahrzehnten eher in Vergessenheit. Heute erfreut es sich jedoch erneut großer Beliebtheit bei Jung und Alt.
Die Gestaltungsmöglichkeiten von Strickarbeiten sind schier unbegrenzt, mit einfachen Grundtechniken lassen sich phantasievolle und außergewöhnliche Kleidungsstücke herstellen. Zudem bietet das Stricken eine großartige Möglichkeit zur Entspannung. Nach einem hektischen, anstrengenden Tag wirkt diese stille, gleichmäßige Tätigkeit Wunder – sie beruhigt und harmonisiert Körper und Seele.
Dieses Buch bietet Ihnen die Möglichkeit, auch ohne fortgeschrittene Strickkenntnisse und Erfahrungen aparte und aktuelle Kleidungsstücke selbst in kurzer Zeit herstellen zu können. Es werden Jacken und Pullover für kalte Tage, leichte Pullis für wärmere Temperaturen und sommerliche Tops und Kleider vorgestellt. Ob witzig, festlich, kuschelig, frech und elegant, für jeden Geschmack und Anlass ist etwas dabei. Alle Modelle sind mit Liebe fürs Detail gearbeitet. Unterschiedliche Formen, kunstvolle Farben und gängige Materialien – mit viel Phantasie zusammengestellt – finden sich hier ein.

Mit diesem Buch möchte ich Ihnen die Lust am Stricken vermitteln, die ich für mich entdeckt habe, und die Freude am Zusammenstellen von Farben, Mustern und verschiedenen Materialien. Jedes Modell ist so gestaltet, dass es einfach zu arbeiten ist, anschauliche Zeichnungen vervollständigen die leicht nachvollziehbaren Anleitungen. Selbstverständlich kann jedes der vorgestellten Beispiele abgewandelt werden oder als Anregung für eigene Ideen dienen. Lassen Sie Ihrer Kreativität freien Lauf!

Ihre Ute Wallrodt

Hinweis:
Die Maße in den Zeichnungen sind in cm angegeben.

Jacke, geschnürt und geknöpft

Vorderteile

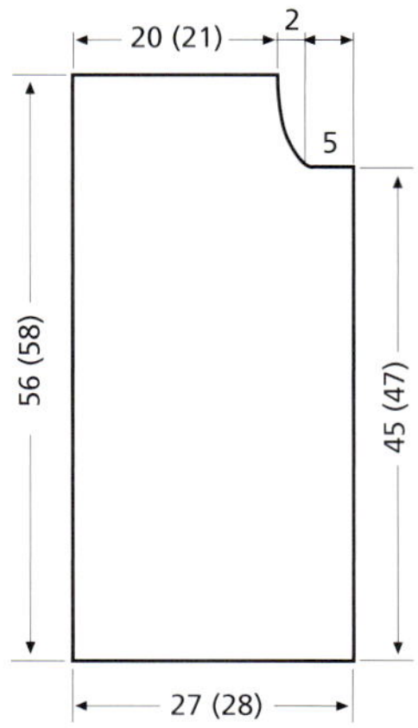

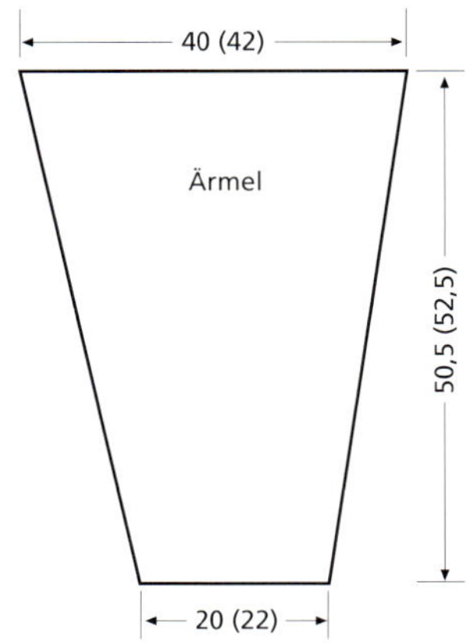

Größe: 36/38 und 40/42.
Material: Marokko von Gedifra (100 % Baumwolle, Lauflänge 90 m/50 g), 500 (550) g in Grün Nr. 1968; INOX-Rundstricknadel Nr. 5, 80 cm lang; Häkelnadel Nr. 4; 21 Kokosnussknöpfe, ∅ 1,8 cm.
Grundmuster: glatt re: Hinr re, Rückr li.
Maschenprobe: 15 M und 18 R = 10 × 10 cm.
Rückenteile: Jeweils 40 (42) M anschlagen und 100 (104) R im Grundmuster str. Die M locker abketten.
Vorderteile: Jeweils 40 (42) M anschlagen und im Grundmuster in R arbeiten. Für den Halsausschnitt in der 81. (85.) R an der Innenkante 7 M abketten und in den darauf folgenden R am Ausschnittrand 3-mal 2 M zusammenstr. Bis zur 100. (104.) R weiterstr und die M abketten.

Rückenteile

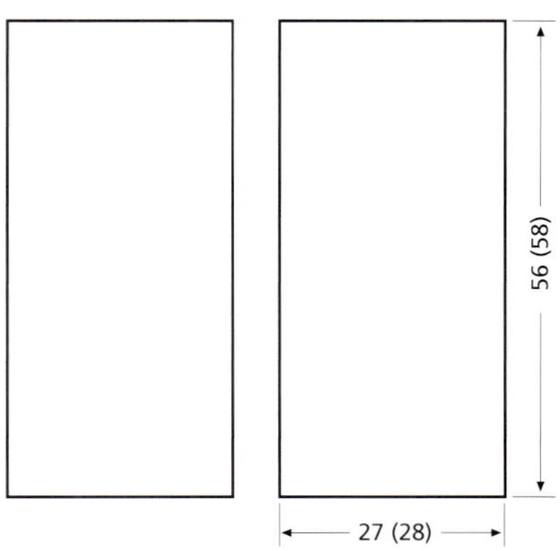

Ärmel: Jeweils 60 (62) M anschlagen und 90 (94) R im Grundmuster str, dabei in jeder 6. R mittig 2-mal 2 M für die Ärmelschrägung zusammenstr. Die M abketten.
Fertigstellung: Die Teile spannen, anfeuchten und trocknen lassen. Alle Ränder mit je 1 Rd fester M und Krebsm umhäkeln. An das rechte Vorderteil als Verschlüsse 3 kleine Schlaufen aus Luftm häkeln. Die Schulternähte schließen, die Ärmel mit jeweils 5 Knöpfen mit dem Vorder- und Rückenteil verbinden, dann mit je 4 Knöpfen schließen. 3 Knöpfe an die linke Vorderseite nähen. Für die Rückenteile eine 1,20 m lange Kordel arbeiten und beide Teile miteinander verschnüren. Die Seitenteile mit 2 Kordeln von 60 cm Länge verbinden.

Rückseite

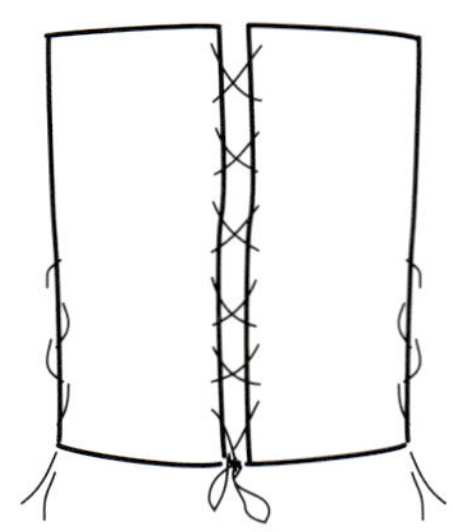

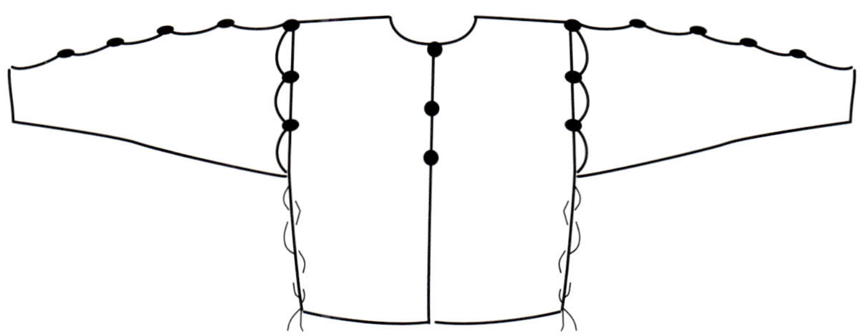

Pulli mit Knöpfen

Größe: 36/38 und 40/42.
Material: Campus von Schachenmayr (50 % Viskose, 50 % Polyacryl, Lauflänge 60 m/ 50 g), 500 (550) g in Rot Nr. 30; INOX-Rundstricknadel Nr. 5, 80 cm lang; Häkelnadel Nr. 4; 4 Kokosnussknöpfe, ∅ 2,2 cm.
Grundmuster: glatt re: Hinr re, Rückr li.
Maschenprobe: 16 M und 22 R = 10 × 10 cm.

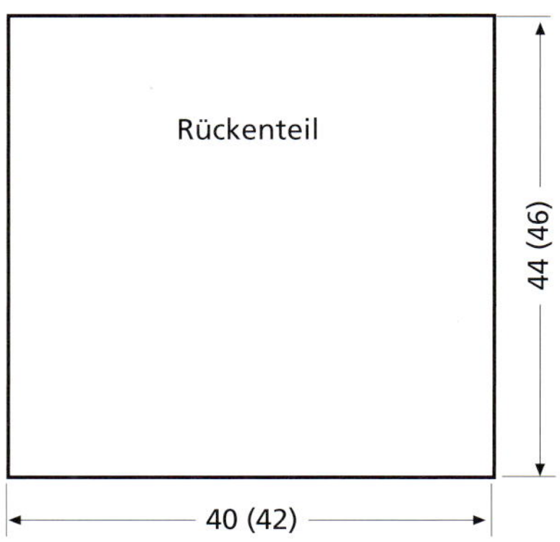

Rückenteil: 70 (73) M anschlagen und 90 (94) R im Grundmuster str. Die M locker abketten.

Vorderteil: 70 (73) M anschlagen und im Grundmuster in R arbeiten. In der 90. (94.) R für den Halsausschnitt mittig 10 M abketten und in den darauf folgenden R am Ausschnittrand beidseitig 5-mal je 2 M für die Rundung zusammenstr. Bis zur 110. (114.) R weiterstr, dann die M abketten.

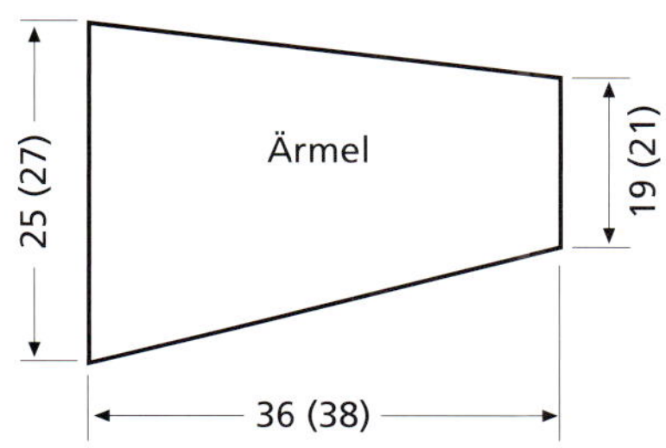

Ärmel: Jeweils 40 (43) M anschlagen und 80 (84) R im Grundmuster str, dabei an beiden Rändern gleichmäßig verteilt 5-mal je 2 M für die Ärmelschrägung zusammenstr. Dann die M abketten.

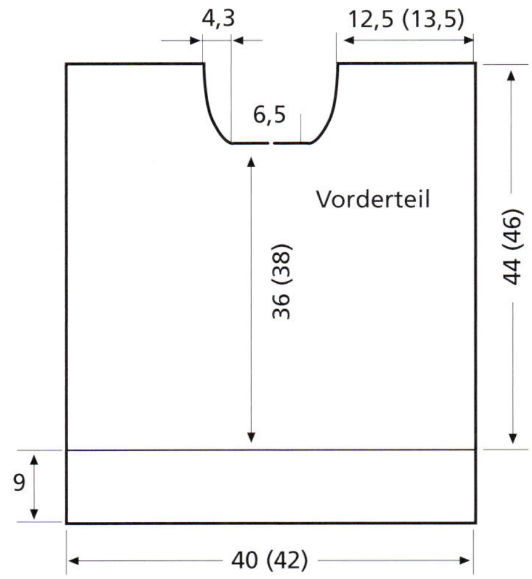

Fertigstellung: Die Teile spannen, anfeuchten und trocknen lassen. Die Nähte schließen und die Ärmel einsetzen. Den Rand des Halsausschnitts mit je 1 Rd fester M und Krebsm umhäkeln. Das unten 20 R überstehende Vorderteil nach oben klappen, an den seitlichen Rändern in die Seitennaht einarbeiten und den nach oben geklappten Rand in gleichmäßigen Abständen mit 4 Knöpfen fixieren.

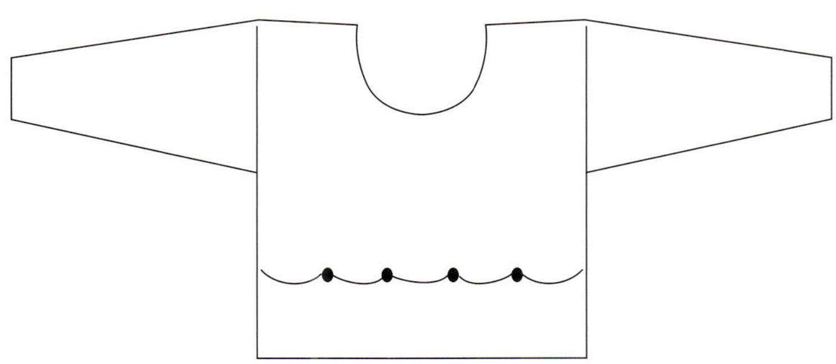

Riesenpulli mit Fadenaccessoires

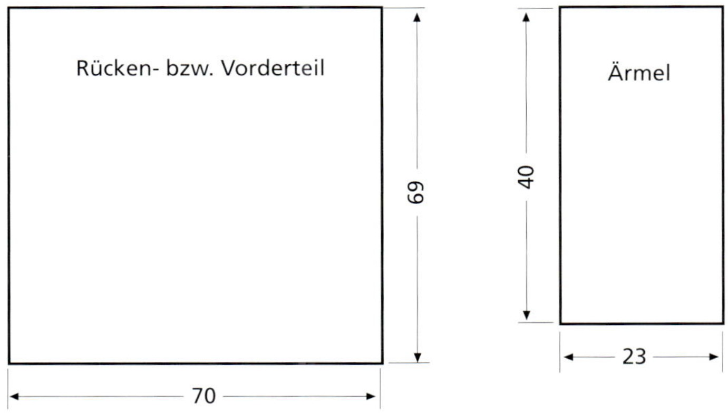

Größe: Einheitsgröße.
Material: Luise von Gedifra (55 % Baumwolle, 45 % Polyacryl, Lauflänge 60 m/50 g), 800 g in Grün Nr. 1405, 100 g in Hellgrün Nr. 1481; INOX-Rundstricknadel Nr. 10, 80 cm lang; Häkelnadel Nr. 4.
Grundmuster: glatt re: Hinr re, Rückr li.
Fadenaccessoires: Hinr li, Rückr re.
Maschenprobe: 10 M und 12 R = 10 × 10 cm.
Rückenteil: 4 Fäden von 90 cm Länge in Hellgrün zuschneiden und jeweils 4 cm von beiden Enden entfernt mit einem Knoten versehen. Mit doppeltem Faden in Grün 70 M anschlagen und 84 R im Grundmuster str. Dabei die vorbereiteten Fäden an den gewünschten Stellen wie bei „Fadenaccessoires" beschrieben von Knoten bis Knoten einstr. Die M locker abketten.
Vorderteil: Wie Rückenteil arbeiten.
Ärmel: Für jeden Ärmel 4 Fäden von 40 cm Länge in Grün wie beim Rückenteil beschrieben vorbereiten. Jeweils in Hellgrün 40 M anschlagen und 28 R im Grundmuster str, dabei die Fadenaccessoires wie oben angegeben einarbeiten. Dann die M abketten.
Fertigstellung: Die Teile spannen, anfeuchten und trocknen lassen. Die Nähte schließen und die Ärmel einsetzen. Die Ränder der grünen Teile mit festen M in Hellgrün und die der hellgrünen Teile in Grün umhäkeln.

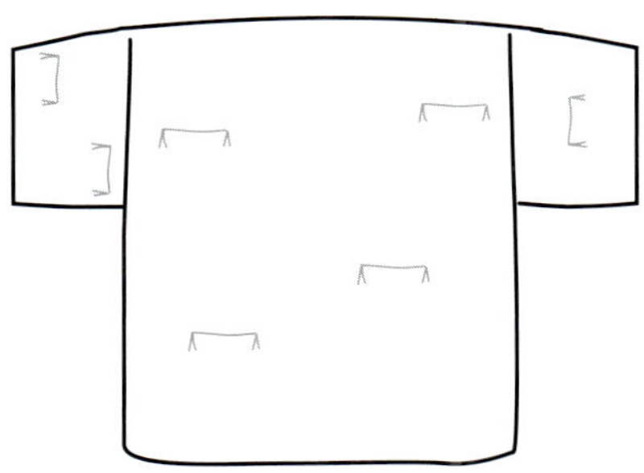

Jacke mit Fallmaschen

Größe: 36/38 und 40/42.
Material: Paradiso von Schachenmayr (100 % Tactel, Lauflänge 60 m/50 g), 500 (550) g in Nachtblau Nr. 59; INOX-Rundstricknadel Nr. 5, 80 cm lang; Häkelnadel Nr. 4; 3 Bein- oder Hornknöpfe, 4,5 cm groß.
Grundmuster: glatt re: Hinr re, Rückr li.
Rippenmuster: Hinr re, Rückr 2 M re, 2 M li im Wechsel.
Fallmaschenmuster: 1. und 2. R re; 3. R re, dabei nach jeder M 2 U auf die Nadel nehmen; 4. R re, dabei die U der Vorr fallen lassen.
Maschenprobe: 14 M und 24 R = 10 × 10 cm.
Rückenteil: 80 (83) M anschlagen und 20 R im Rippenmuster str. 4 R im Fallmaschenmuster arbeiten, dann 60 (65) R im Grundmuster str. Die M locker abketten.

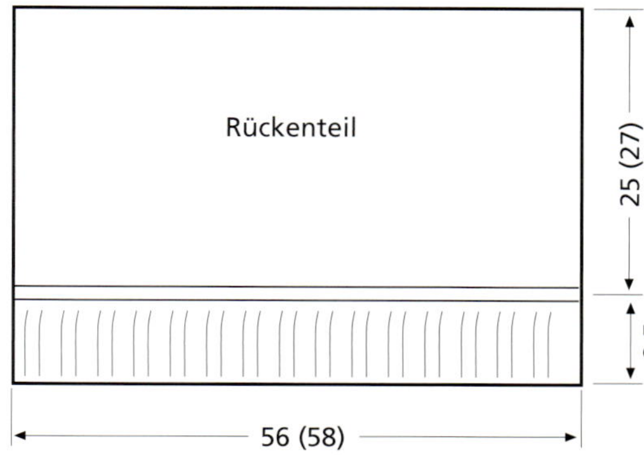

Vorderteile: Jeweils 40 (42) M anschlagen und 20 R im Rippenmuster str. 4 R im Fallmaschenmuster arbeiten, anschließend im Grundmuster str. Für den Halsausschnitt in der 40. (45.) R an der Innenkante 10 M abketten und in den darauf folgenden R am Ausschnittrand 5-mal 2 M für die Rundung zusammenstr. Bis zur 60. (65.) R str und die M abketten.
Ärmel: Jeweils 40 (43) M anschlagen und 2 R im Grundmuster str. 4 R im Fallmaschenmuster arbeiten und 40 (45) R im Rippenmuster str, dabei an beiden Rändern gleichmäßig verteilt 5-mal je 2 M für die Ärmelschrägung zusammenstr. Die M abketten.
Fertigstellung: Die Teile spannen, anfeuchten und trocknen lassen. Die Schulternähte schließen und die Ärmel einsetzen; die Seitennähte oben beginnend bis zum Fallmaschenmuster schließen.
Den Halsausschnitt, die Vorderseiten sowie die offenen Seiten mit festen M umhäkeln. An die rechte Vorderseite als Verschlüsse 3 große Schlaufen aus Luftm häkeln und an die linke Vorderseite die Knöpfe nähen.

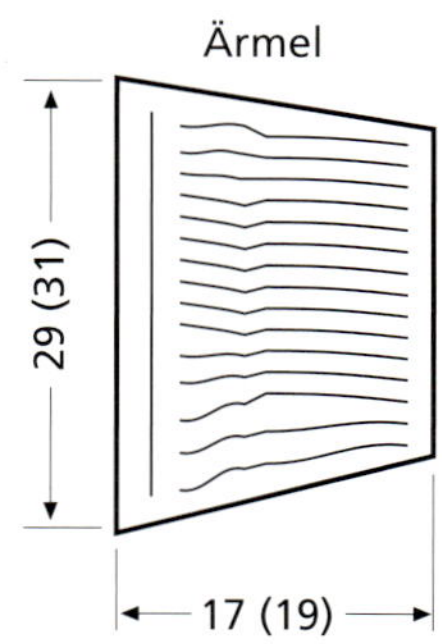

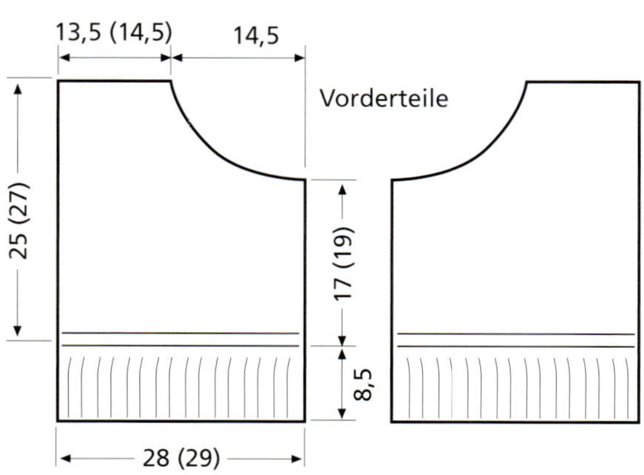

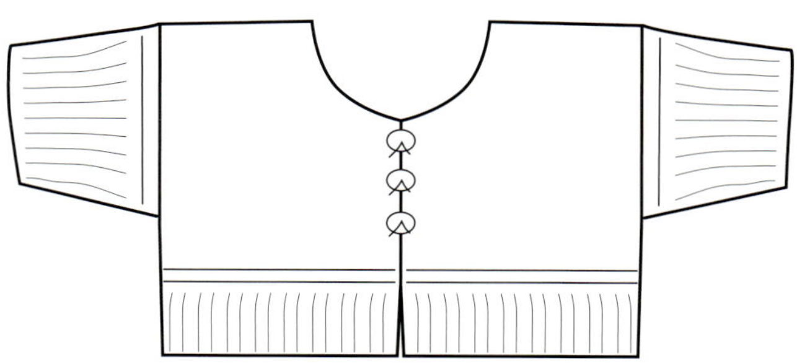

Jeansjäckchen

Langärmliges Jäckchen

Größe: 36/38 und 40/42.
Material: Blue Jeans Cablét von Schachenmayr (100 % Baumwolle, Lauflänge 50 m/50 g), 700 (750) g in Blue Nr. 55; INOX-Rundstricknadel Nr. 5, 80 cm lang; Häkelnadel Nr. 4; 4 Metallknöpfe, ∅ 1,5 cm.
Grundmuster: Perlmuster: 1 M re, 1 M li im Wechsel; nach jeder R die M versetzen.
Maschenprobe: 15 M und 21 R = 10 × 10 cm.
Rückenteil: 3 M anschlagen und im Grundmuster in R arbeiten, dabei in jeder 2. R an einer Seite 9-mal 1 M, 4-(5-)mal 2 M und 5-mal 5 M zunehmen. Bis zur 36. (40.) R str und die Arbeit stilllegen. Wiederum 3 M anschlagen und gegengleich wie beschrieben bis zur 36. (40.) R arbeiten. Beide Teile zusammenfügen und bis zur 90. (94.) R im Grundmuster str. Die M locker abketten.
Vorderteile: Jeweils wie die unteren Abschnitte des Rückenteils beginnen und einzeln im Grundmuster str. Für den Halsausschnitt in der 70. (74.) R am Innenrand 7 M abketten und in den darauf folgenden R am Ausschnittrand 5-mal 2 M für die Rundung zusammenstr. Bis zur 90. (94.) R weiterstr, dann die M abketten.
Ärmel: Jeweils 50 (53) M anschlagen und 70 (74) R im Grundmuster str, dabei gleichmäßig verteilt beidseitig 10-mal je 2 M für die Ärmelschrägung zusammenstr. Die M abketten.
Fertigstellung: Die Teile spannen, anfeuchten und trocknen lassen. Die Nähte schließen, die Ärmel einsetzen und alle Ränder mit je 1 Rd fester M und Krebsm umhäkeln. An die rechte Vorderseite als Verschlüsse 4 kleine Schlaufen aus Luftm häkeln, an die linke Vorderseite die Knöpfe nähen.

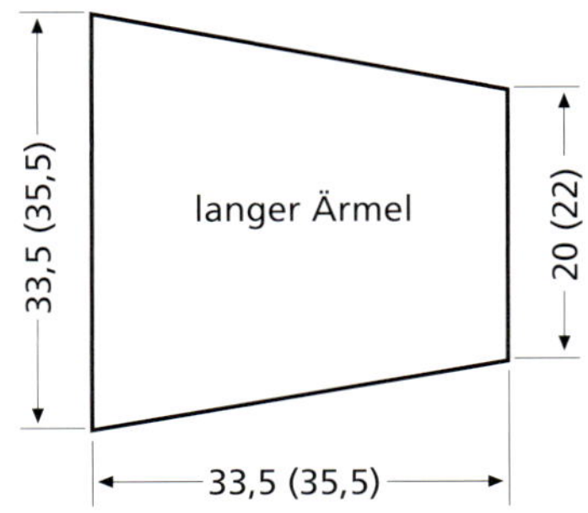

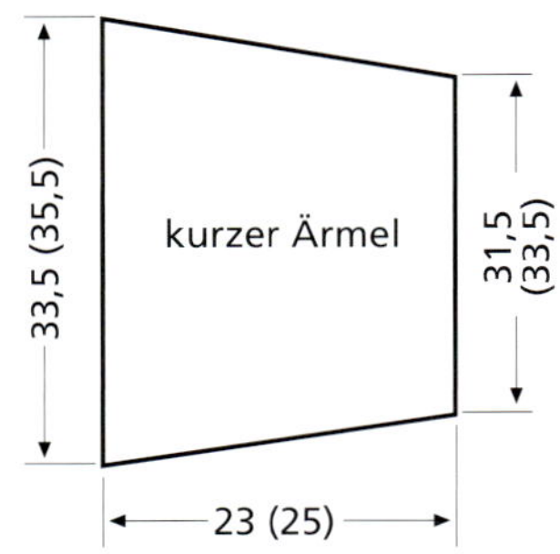

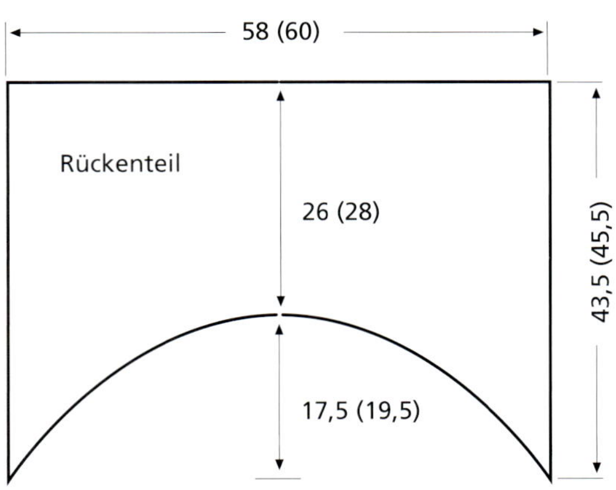

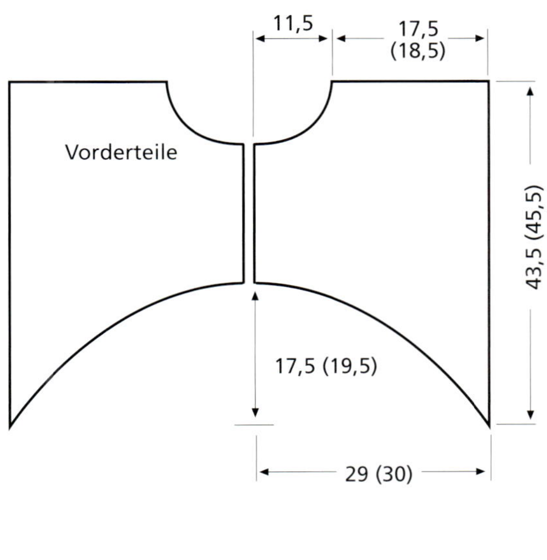

Kurzärmliges Jäckchen

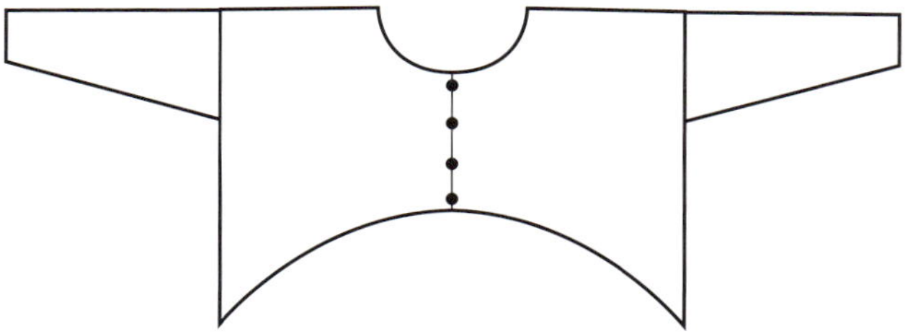

Größe: 36/38 und 40/42.
Material: Blue Jeans von Schachenmayr (100% Baumwolle, Lauflänge 125 m/50 g), 350 (400) g in Bleached Nr. 52; INOX-Rundstricknadel Nr. 3; Häkelnadel Nr. 4; 5 Metallknöpfe, ∅ 1,5 cm.
Grundmuster: Perlmuster: 1 M re, 1 M li im Wechsel; nach jeder R die M versetzen.
Maschenprobe: 22 M und 30 R = 10 × 10 cm.
Rückenteil: 3 M anschlagen und im Grundmuster in R arbeiten, dabei in jeder 2. R an einer Seite 18-mal 1 M, 8-(10-)mal 2 M und 10-mal 5 M zunehmen. Bis zur 72. (78.) R str und die Arbeit stilllegen. Wiederum 3 M anschlagen und gegengleich wie beschrieben bis zur 72. (78.) R arbeiten. Beide Teile zusammenfügen und bis zur 180. (188.) R im Grundmuster str. Die M locker abketten.
Vorderteile: Jeweils wie die unteren Abschnitte des Rückenteils beginnen und einzeln im Grundmuster str. Für den Halsausschnitt in der 140. (148.) R am Innenrand 14 M abketten und in den darauf folgenden R am Ausschnittrand 10-mal 2 M für die Rundung zusammenstr. Bis zur 180. (188.) R weiterstr, dann die M abketten.
Ärmel: Jeweils 70 (74) M anschlagen und 70 (78) R im Grundmuster str, dabei gleichmäßig verteilt beidseitig 10-mal je 2 M für die Ärmelschrägung zusammenstr. Die M abketten.
Fertigstellung: Die Teile spannen, anfeuchten und trocknen lassen. Die Nähte schließen, die Ärmel einsetzen und alle Ränder mit je 1 Rd fester M und Krebsm umhäkeln. An die rechte Vorderseite als Verschlüsse 5 kleine Schlaufen aus Luftm häkeln, an die linke Vorderseite die Knöpfe nähen.

Kapuzenweste

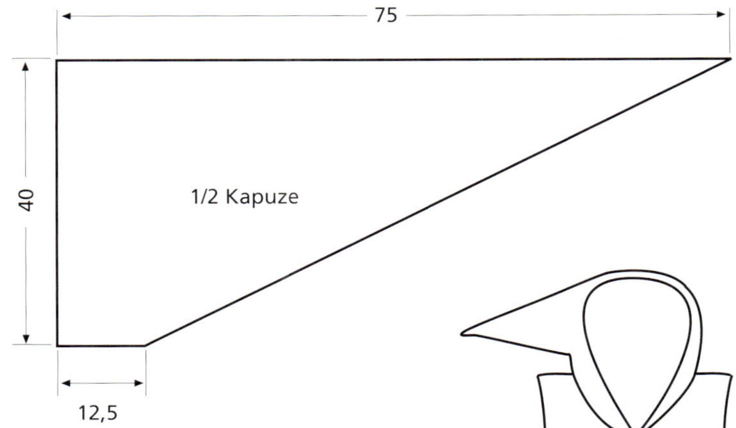

Größe: 36/38 und 40/42.
Material: Gigante von Gedifra (100 % Schurwolle, Lauflänge 30 m/ 50 g), 700 (750) g in Lachs meliert Nr. 2334; INOX-Rundstricknadel Nr. 12, 80 cm lang; Häkelnadel Nr. 4; 3 Bein- oder Hornknöpfe, 4,5 cm groß.
Grundmuster: Rippenmuster: Hinr re, Rückr 5 M re, 5 M li im Wechsel.
Maschenprobe: 8 M und 10 R = 10 × 10 cm.
Rückenteil: 45 (47) M anschlagen und im Grundmuster in R arbeiten. In der 21. R für die Armausschnitte an beiden Rändern je 5 M abketten. Bis zur 54. (56.) R str und die M locker abketten.
Vorderteile: Jeweils 25 (26) M anschlagen und im Grundmuster in R str. Für den Armausschnitt in der 21. R an der Außenseite 5 M abketten. Für den Halsausschnitt in der 48. (50.) R an der Innenseite 5 M abketten, in den darauf folgenden R am Ausschnittrand für die Rundung 3-mal 2 M zusammenstr. Bis zur 54. (56.) R str und die M abketten.
Kapuze: 20 M anschlagen und 40 R im Grundmuster str, dabei in jeder Hinr re und li von den beiden mittleren M jeweils 1 M zunehmen. Die erreichten 60 M abketten und die Kapuze an der Oberseite zur Spitze hin zusammenhäkeln.
Fertigstellung: Die Teile spannen, anfeuchten und trocknen lassen. Die Nähte schließen und alle Ränder mit je 1 Rd fester M und Krebsm umhäkeln. An die rechte Vorderseite als Verschlüsse 3 große Schlaufen aus Luftm häkeln, an die linke Vorderseite die Knöpfe annähen.

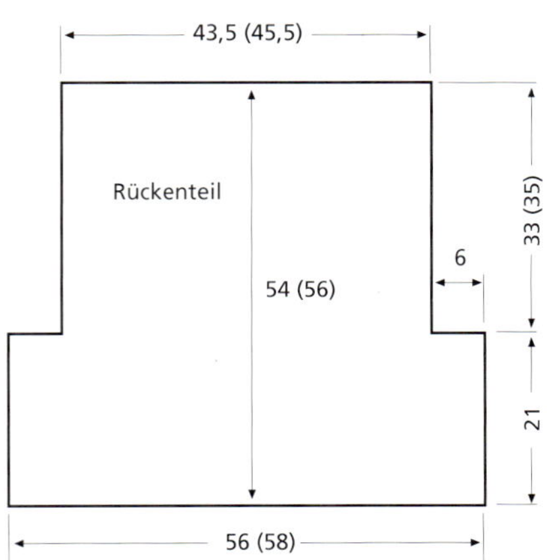

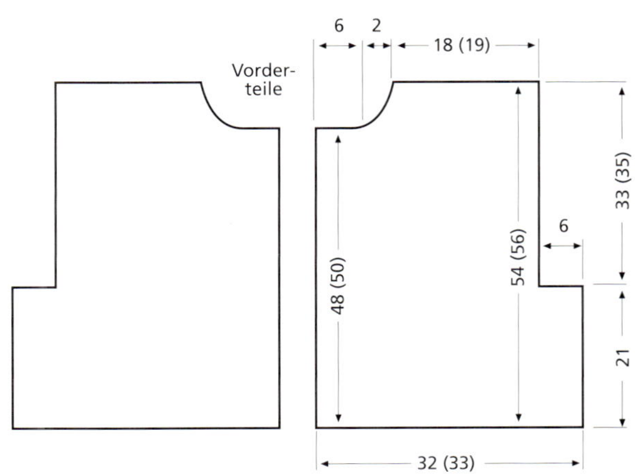

Bunter Pulli

Größe: 36/38 und 40/42.
Material: Clou von Gedifra (100 % Polyamid-Flies, Lauflänge 45 m/50 g), 450 (500) g in Bunt Nr. 1318; INOX-Rundstricknadel Nr. 15, 80 cm lang; Häkelnadel Nr. 4.
Grundmuster: glatt re: Hinr re, Rückr li.
Kraus: Hin- und Rückr re.
Maschenprobe: 7 M und 8 R = 10 × 10 cm.
Rückenteil: 45 (48) M anschlagen, in jeder R die ersten 15 (16) M im Grundmuster, die mittleren 15 (16) M kraus und die letzten 15 (16) M wieder im Grundmuster arbeiten. Bis zur 48. (50.) R str, dann die M locker abketten.
Vorderteil: Bis zur 40. (42.) R wie Rückenteil arbeiten. In der 41. (43.) R für den Halsausschnitt die mittleren 11 M abketten und in den darauf folgenden R am Ausschnittrand für die Rundung beidseitig 2-mal je 2 M zusammenstr. Bis zur 48. (50.) R str, die M abketten.
Ärmel: Jeweils 22 (25) M anschlagen und 30 (32) R kraus str, dabei gleichmäßig verteilt an beiden Rändern 3-mal je 2 M für die Ärmelschrägung zusammenstr. Die M abketten.
Fertigstellung: Die Teile spannen, anfeuchten und trocknen lassen. Die Nähte schließen, die Ärmel einsetzen und den Halsausschnitt mit festen M umhäkeln.

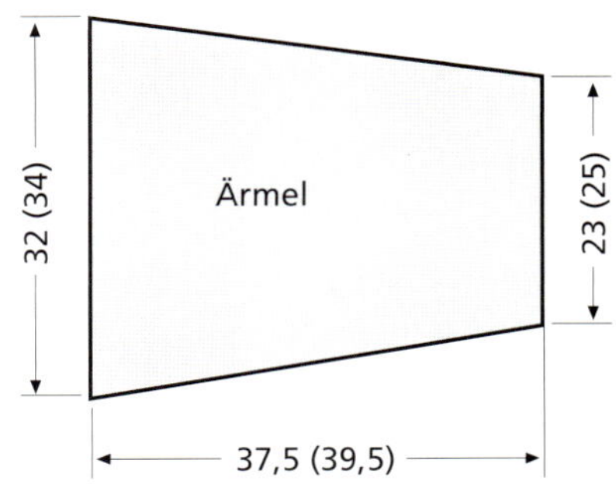

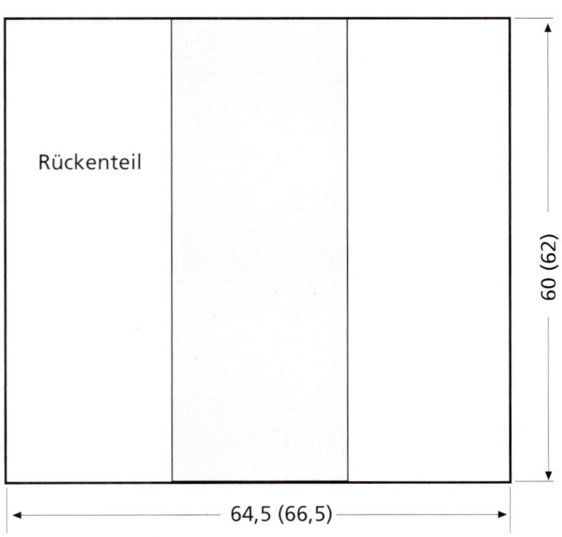

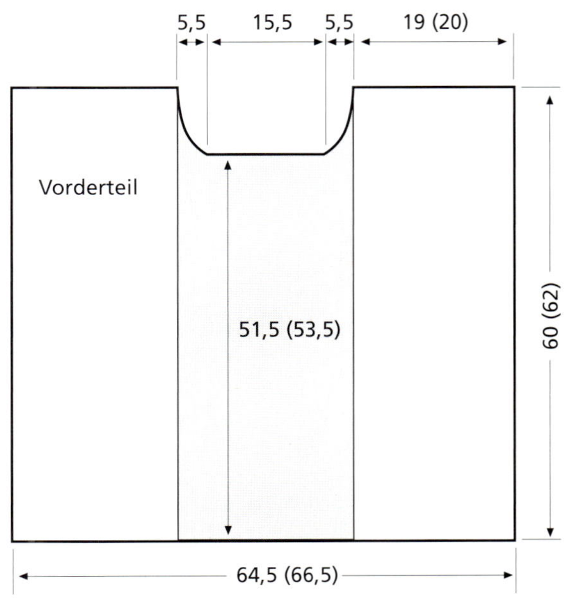

Raglantop mit Stulpen

Größe: 36/38 und 40/42.
Material: Bandolero Color von Schachenmayr (100 % Polyamid, Lauflänge 65 m/25 g), 250 (300) g in Mexico Nr. 89, Catania von Schachenmayr (100 % Baumwolle, Lauflänge 125 m/ 50 g), 250 (300) g in Orange Nr. 189; INOX-Rundstricknadel Nr. 5, 80 cm lang; Häkelnadel Nr. 4; 10 Kokosnussknöpfe, ∅ 1 cm.
Grundmuster: glatt re: in Rd alle M re; in R Hinr re, Rückr li.
Maschenprobe: 14 M und 22 R = 10 × 10 cm.
Top: 60 M mit doppeltem Faden anschlagen (Mexico und Orange zusammenstr). Für das Vorder- und das Rückenteil jeweils 20 M, für die Ärmel jeweils 10 M abzählen und die 4 Übergangsstellen mit einem sich abhebenden Faden markieren. In Rd im Grundmuster arbeiten, dabei in jeder 2. Rd an den Markierungen je 2 zusätzliche M verkreuzt herausstr. Nach 30 (32) Rd die Ärmelabschnitte abketten, Vorder- und Rückenteil zusammenfügen und weitere 30 (32) Rd str. Dann die Arbeit für den kleinen Schlitz in der vorderen Mitte teilen und 20 R im Grundmuster str. Die M locker abketten.
Stulpen: Jeweils 30 (33) M anschlagen und 40 (42) R im Grundmuster str, dabei gleichmäßig verteilt an beiden Rändern 4-mal je 2 M zusammenstr. Die M abketten.

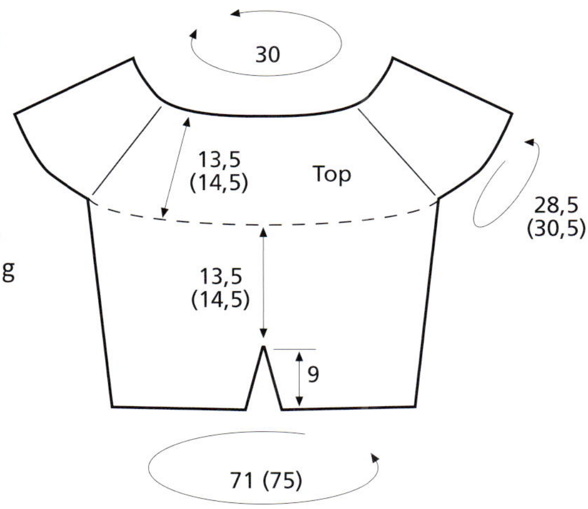

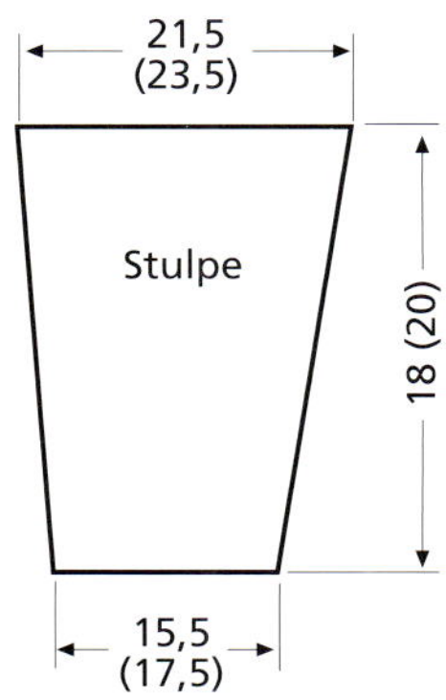

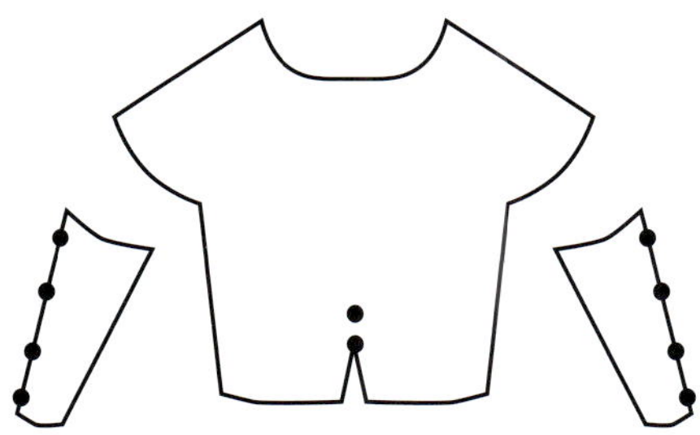

Fertigstellung: Die Teile spannen, anfeuchten und trocknen lassen. Alle Ränder mit einfachem Cataniafaden mit je 1 Rd fester M und Krebsm umhäkeln. Die Stulpenränder mit jeweils 4 Knöpfen verbinden. 2 Knöpfe oberhalb des Schlitzes am Top befestigen.

Sommerkleid

Größe: 36/38 und 40/42.
Material: Topas von Gedifra (45 % Baumwolle, 44 % Polyacryl, 11 % Polyamid, Lauflänge 92 m/50 g), 200 g in Natur Nr. 1204, Catania von Schachenmayr (100 % Baumwolle, Lauflänge 125 m/50 g), 200 g in Beige Nr. 108, 200 g in Camel Nr. 179, 200 g in Heu Nr. 214, Marokko von Gedifra (100 % Baumwolle, Lauflänge 90 m/ 50 g), 200 (250) g in Cremeweiß Nr. 1904; INOX-Rundstricknadel Nr. 3, 80 cm lang; Häkelnadel Nr. 4; 2 Hornknöpfe, 4,5 cm groß.
Grundmuster: glatt re: in Rd alle M re; in R Hinr re, Rückr li.
Maschenprobe: 16 M und 20 R = 10 × 10 cm.
Rock: Für die 2 Rockteile jeweils 90 M in Natur anschlagen und 50 R im Grundmuster arbeiten. Dann 50 R in Camel, 50 R in Beige und wiederum 50 R in Camel str. Anschließend 50 R in Heu und 50 R in Beige arbeiten. Die M locker abketten. Die Rockteile re auf re an den Schmalseiten und entlang der oberen Kante jeweils 50 cm zusammennähen, hiermit an den Seitennähten beginnen; in der Mitte bleibt ein 50 cm langes nahtfreies Stück stehen.
Oberteil: Den Rock auf re wenden und aus dem oberen offenen Rand mit dem cremeweißen Garn 100 (106) M auf-

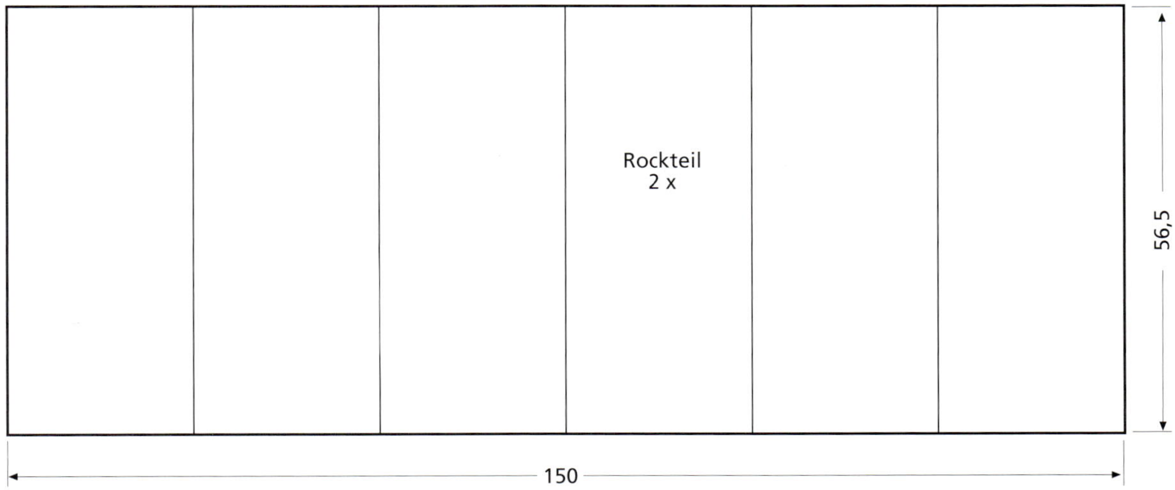

fassen. 15 (17) Rd im Grundmuster str, dann Rücken- und Vorderteil in je 50 (53) M teilen und separat weiterarbeiten. Beim Rückenteil an beiden Rändern je 10 M abketten und 30 (32) R im Grundmuster weiterstr, dabei in den Hinr an den Rändern jeweils 2 M zusammenstr. Die M abketten. Beim Vorderteil 30 (32) R im Grundmuster arbeiten, dabei in den Hinr an beiden Rändern je 2 M zusammenstr. Danach 10 weitere R im Grundmuster str und die M abketten.

Fertigstellung: Die Teile spannen, anfeuchten und trocknen lassen. Alle Ränder mit jeweils 1 Rd fester M und Krebsm in Cremeweiß umhäkeln. Für die Träger 6 cremeweiße Kordelstücke von je 1,15 (1,20) m Länge herstellen und jedes Stück doppelt nehmen. Jeweils 3 Kordelstücke an der linken und der rechten oberen Ecke der Oberteilvorderseite nebeneinander durch den gehäkelten Rand ziehen und wie beim Knüpfen die Enden zurückführen und durch die Schlaufe ziehen. Anschließend die 12 Kordelenden durch die Spitze der Oberteilrückseite ziehen und verknoten. An beiden Seiten des Rocks 40 cm vom unteren Rand entfernt jeweils 1 Knopf annähen. 15 cm unterhalb der Knöpfe je eine Schlaufe aus Luftm häkeln und die Knöpfe durch die Schlaufen stecken.

Tipp:
Das Kleid kann auch mit einem T-Shirt darunter getragen werden.

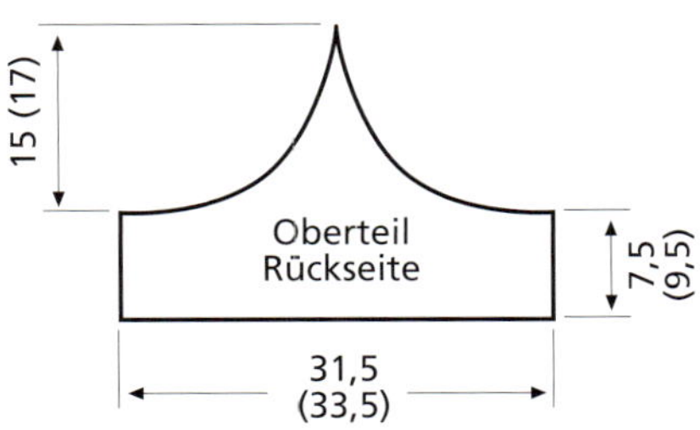

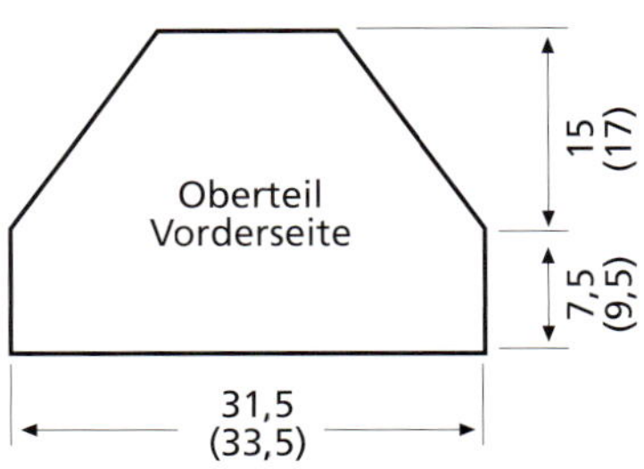

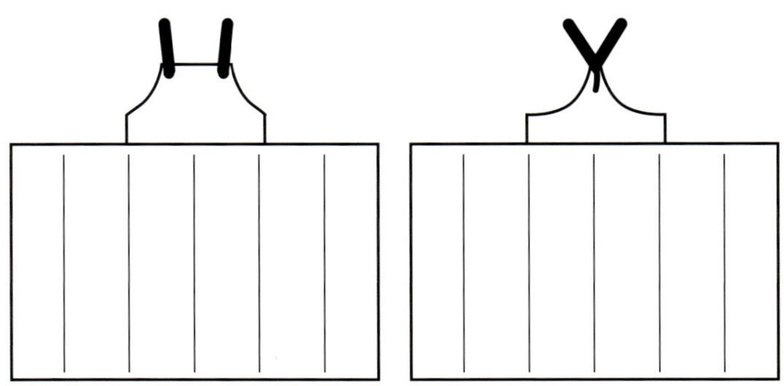

Leinenkleider

Leinenkleid mit Strickoberteil

Größe: 36/38 und 40/42.
Material: Marokko von Gedifra (100% Baumwolle, Lauflänge 90 m/50 g), 50 g in Orange Nr. 1921 (= or), 50 g in Lachs Nr. 1922 (= la), 50 g in Rot Nr. 1944 (= ro), 50 g in Bordeaux Nr. 1947 (= bo), 50 g in Braun Nr. 1912 (= br); INOX-Rundstricknadel Nr. 5, 80 cm lang; Häkelnadel Nr. 4; 1 m roter Leinenstoff, 1,50 m breit.
Musterfolge: la: 4 R 2 M re, 2 M li im Wechsel; bo: 6 R Hinr li, Rückr re; ro: 4 R Perlmuster: 1 M re, 1 M li im Wechsel, nach jeder R die M versetzen; br: 2 R Hin- und Rückr re; or: 4 R Hinr 3 M li, 1 M re im Wechsel, in den Rückr, wie sie erscheinen; br: 2 R Hin- und Rückr re; or: 6 R Hinr re, Rückr li; ro: 2 R Perlmuster; or: 2 R Perlmuster; br: 2 R Perlmuster; la: 2 R Perlmuster; bo:

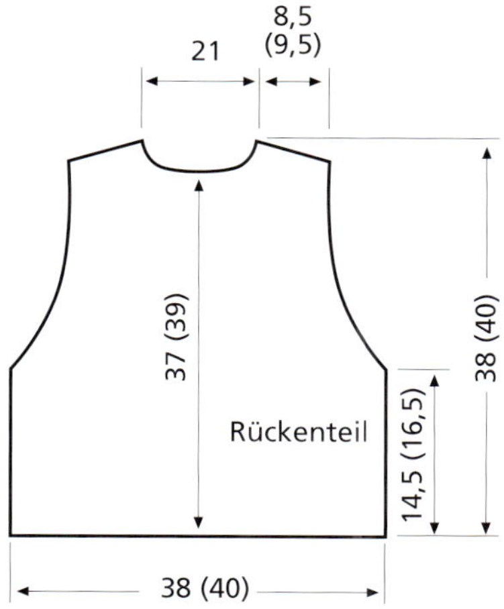

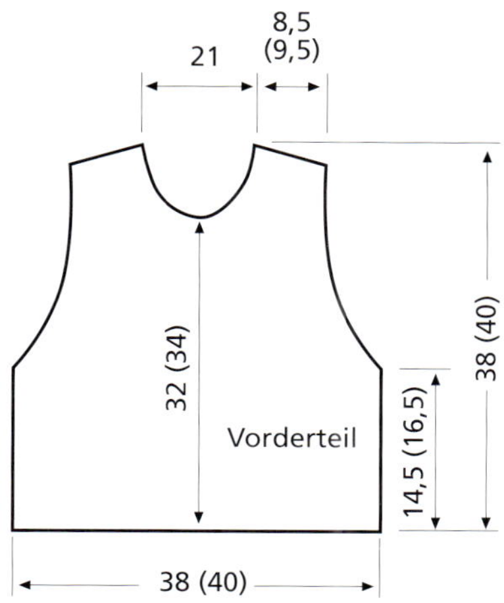

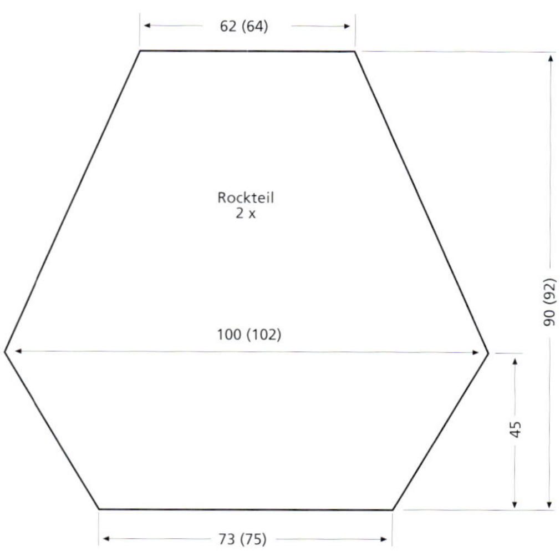

2 R Perlmuster; danach den gesamten Mustersatz 1-mal wdh.
Maschenprobe: 16 M und 20 R = 10 × 10 cm.
Rückenteil: 60 (63) M anschlagen und in der angegebenen Musterfolge str. In der 29. (31.) R für die Armausschnitte an beiden Rändern je 5 M abketten, in den darauf folgenden R 2-mal je 2 M zusammenstr. Für den Halsausschnitt in der 74. (76.) R die mittleren 10 M abketten und in den darauf folgenden R am Ausschnittrand beidseitig 5-mal je 2 M für die Rundung zusammenstr. Bis zur 76. (78.) R str, dann die M locker abketten.
Vorderteil: Bis zur 63. (65.) R wie Rückenteil arbeiten. Für den Halsausschnitt in der 64. (66.) R die mittleren 10 M abketten und in den darauf folgenden R am Ausschnittrand beidseitig 5-mal je 2 M für die Rundung zusammenstr. Bis zur 76. (78.) R str und die M abketten.

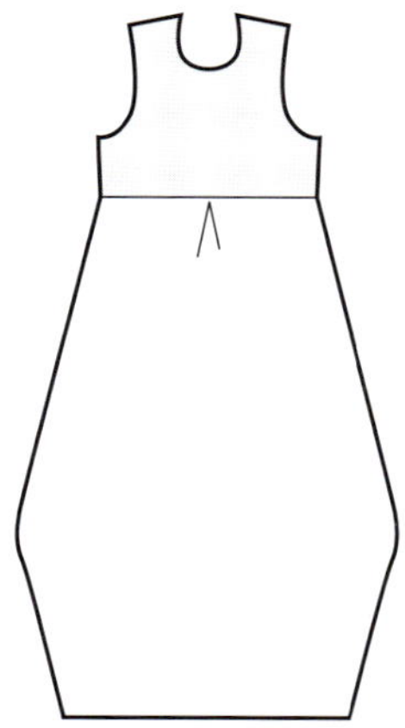

Fertigstellung: Die Teile spannen, anfeuchten und trocknen lassen. Die Nähte schließen und die Hals- und Armausschnitte mit jeweils 1 Rd fester M und Krebsm in Bordeaux umhäkeln. Den Rock mit etwas Nahtzugabe der Zeichnung entsprechend zuschneiden. Die Seitennähte schließen und beide Rockteile am oberen Rand mittig mit einer Kellerfalte versehen, sodass

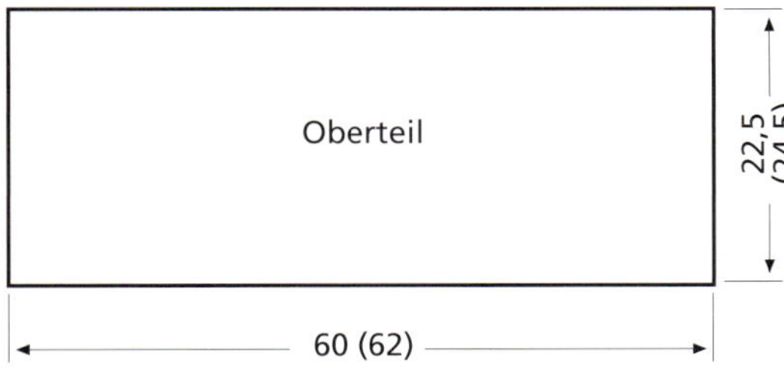

der obere Rockumfang 76 (78) cm beträgt. Das Oberteil an das Rockteil nähen und die Unterkante des Kleids säumen.

Leinenkleid mit Schnüroberteil

Größe: 36/38 und 40/42.
Material: Catania von Schachenmayr (100 % Baumwolle, Lauflänge 125 m/50 g), 200 (250) g in Camel Nr. 179; INOX-Rundstricknadel Nr. 3, 80 cm lang; Häkelnadel Nr. 4; 1 m messingfarbener Leinenstoff, 1,50 m breit; Simplicol-Textilfarbe in Braun und Orange.
Grundmuster: glatt re: Hinr re, Rückr li.
Maschenprobe: 20 M und 30 R = 10 × 10 cm.
Färben des Garns: In 2 Gefäßen den Herstellerangaben entsprechend je einen orangefarbenen und einen braunen Sud aus Textilfarbe und Wasser herstellen. Die Garnknäuel gemäß angegebener Färbedauer nacheinander zu je einem Drittel in das orangefarbene und in das braune Bad tauchen (das mittlere Teil behält die Ursprungsfarbe). Anschließend das Garn trocknen lassen.

Oberteil: 45 (49) M anschlagen und 180 (192) R im Grundmuster str. Die M locker abketten.
Fertigstellung: Das Teil spannen, anfeuchten und trocknen lassen, anschließend die Ränder mit jeweils 1 Rd fester M und Krebsm umhäkeln. Den Rock mit etwas Nahtzugabe der Zeichnung entsprechend zuschneiden und die Seitennähte schließen. Aus dem übrigen Leinenstoff 2 Träger von je 24 (25) cm Länge und 2 cm Breite sowie ein 1,50 m langes und 2 cm breites Band arbeiten. Das Oberteil quer nehmen und mit der linken Seite nach außen so an den Rock nähen, dass sich die offenen Schmalseiten mittig an der Vorderseite des Kleids befinden; dabei den oberen Rockrand etwas raffen. Die Träger annähen und die Unterkante des Kleids säumen. Die Schmalkanten des Oberteils mit dem Band verschnüren.

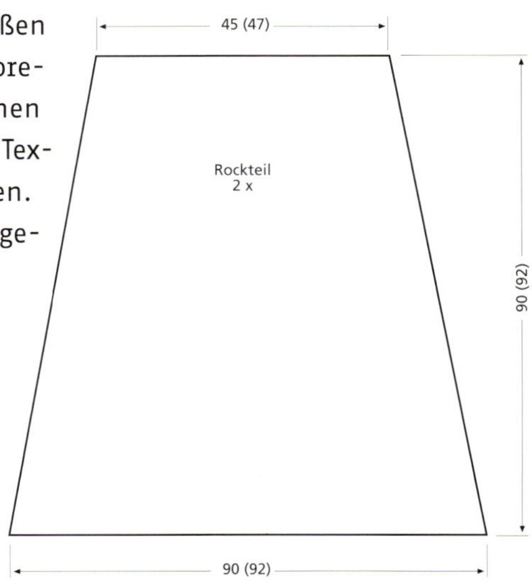

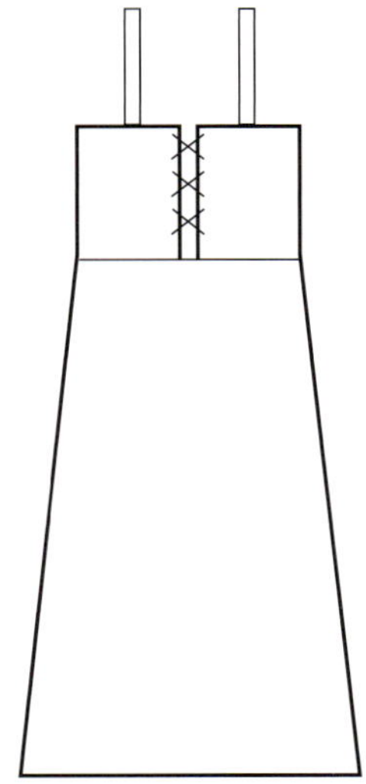

Tipp:
Das Kleid kann auch mit den Bändern am Rücken getragen werden.

Sommertops

Größe: 36/38 und 40/42.
Material: Catania von Schachenmayr (100 % Baumwolle, Lauflänge 125 m/50 g), 150 (200) g in Pink Nr. 114 für das pinkfarbene Top, 150 (200) g in Orange Nr. 189 für das orangefarbene Top; INOX-Rundstricknadel Nr. 3, 80 cm lang; Häkelnadel Nr. 4; 4 Hornknöpfe für das pinkfarbene Top, ∅ 2 cm.
Grundmuster: glatt re: Hinr re, Rückr li.
Maschenprobe: 18 M und 26 R = 10 × 10 cm.

Pinkfarbenes Top

Rückenteil: 30 (34) M anschlagen und 10 R im Grundmuster str. Von der 11. bis zur 50. R in den Hinr an beiden Rändern je 1 M zunehmen, anschließend weitere 30 (35) R str. Die M locker abketten.
Vorderteil: Wie Rückenteil arbeiten.

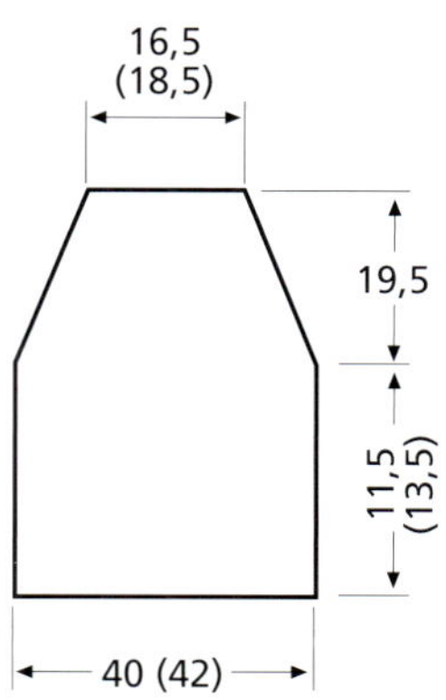

Fertigstellung: Die Teile spannen, anfeuchten und trocknen lassen, anschließend alle Ränder mit jeweils 1 Rd fester M und Krebsm umhäkeln. An die 4 oberen Ecken des Rückenteils als Verschlüsse je 1 kleine Schlaufe aus Luftm häkeln. An den entsprechenden Stellen des Vorderteils die Knöpfe befestigen und beide Teile zusammenknöpfen.

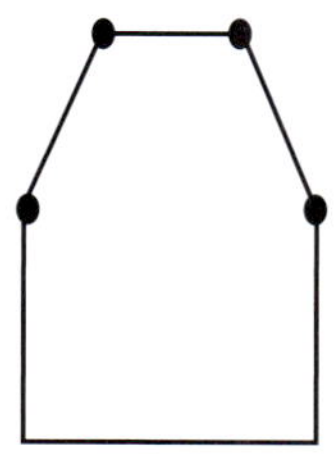

Orangefarbenes Top

Rücken- und Vorderteil: 60 (64) M anschlagen und 190 (200) R im Grundmuster str. Die M abketten.

Fertigstellung: Das Teil spannen, anfeuchten und trocknen lassen, anschließend auf li drehen und die Ränder mit jeweils 1 Rd fester M und Krebsm umhäkeln. Für die Träger 2 Kordeln von je 26 (27) cm Länge, zum Verschnüren eine Kordel von 2 m Länge erstellen. Die Strickarbeit quer nehmen, die Träger annähen und die Schmalseiten mit der langen Kordel verschnüren.

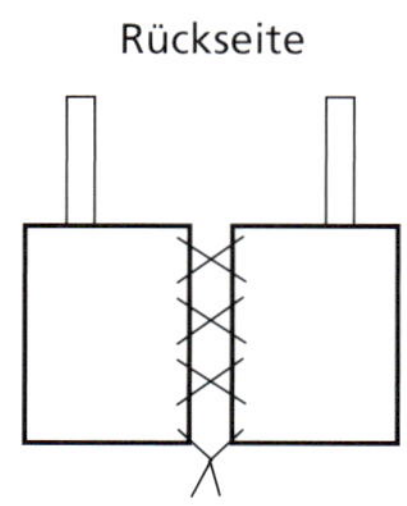

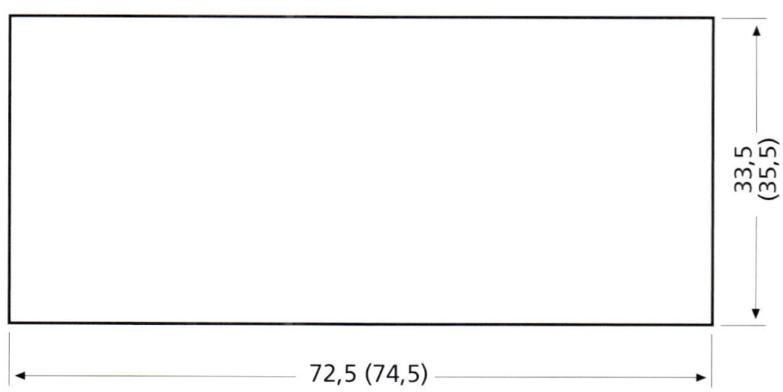

Überwurf

Größe: Einheitsgröße.
Material: Marokko von Gedifra (100 % Baumwolle, Lauflänge 90 m/50 g), 450 g in Beige Nr. 1904; INOX-Rundstricknadel Nr. 5, 80 cm lang; 1 Hornknopf, 4,5 cm groß.
Grundmuster: glatt re: Hinr re, Rückr li.
Maschenprobe: 15 M und 20 R = 10 × 10 cm.

Seitenteile: Jeweils 70 M anschlagen und 200 R im Grundmuster str. Die M locker abketten.
Fertigstellung: Die Teile spannen, anfeuchten und trocknen lassen. Das linke Seitenteil auf li drehen und die Nähte der Zeichnung entsprechend schließen. Den Knopf annähen, das Ende des Garns 7 cm aus dem Knopfloch hängen lassen und ausfransen.

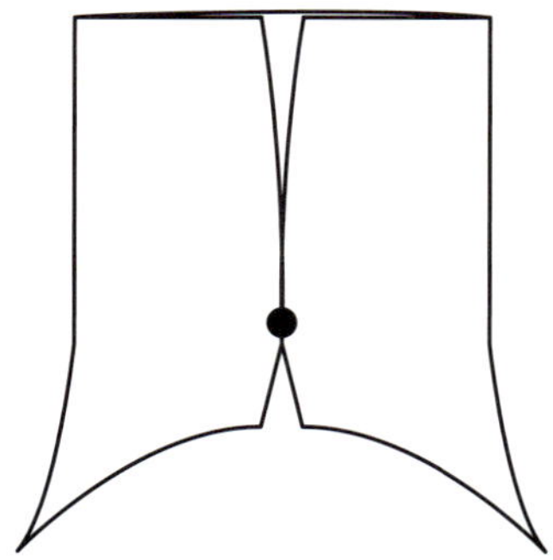

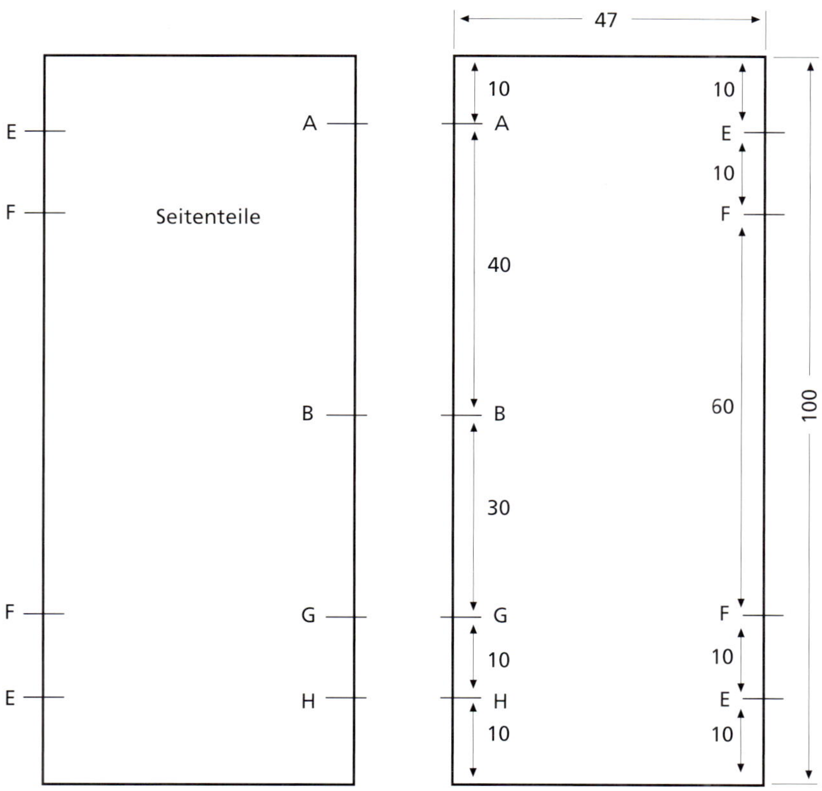

von A bis B schließen
von E bis F schließen
von G bis H schließen
bei H Knopf befestigen

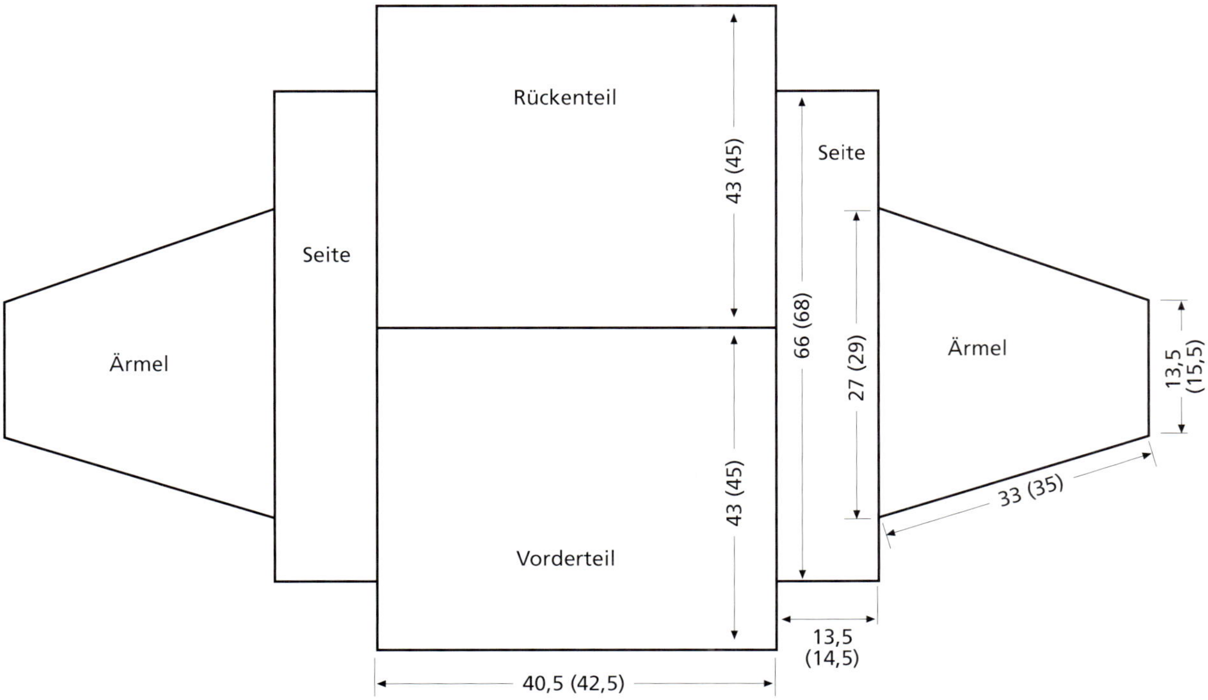

Ringelpulli

Größe: 36/38 und 40/42.
Material: Regia 6-fädig von Schachenmayr (75 % Schurwolle, 25 % Polyamid, Lauflänge 125 m/50 g), 500 (550) g in Crazy Color Nr. 5258; INOX-Rundstricknadel Nr. 3, 80 cm lang; Häkelnadel Nr. 4.
Grundmuster: glatt re: Hinr re, Rückr li.
Maschenprobe: 22 M und 30 R = 10×10 cm.
Rückenteil: 90 (94) M anschlagen und 130 (136) R im Grundmuster str. Die M locker abketten.
Vorderteil: Wie Rückenteil arbeiten.
Seitenteile: Jeweils 30 (32) M anschlagen und 200 (206) R im Grundmuster str, dann die M abketten.
Ärmel: Jeweils 60 (64) M anschlagen und 100 (104) R im Grundmuster str, dabei in jeder 10. R an den Rändern je 2 M für

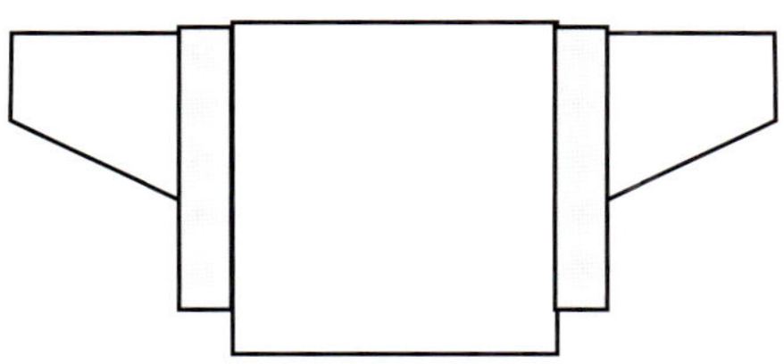

die Ärmelschrägung zusammenstr. Die M abketten.
Fertigstellung: Die Teile spannen, anfeuchten und trocknen lassen. Die Seitenteile auf li drehen und zunächst alle Teile wie auf der Zeichnung angeordnet an den Rändern von außen mit festen M zusammenhäkeln, sodass eine sichtbare „Naht“ entsteht; für den Halsausschnitt zwischen Rücken- und Vorderteil mittig eine 20 (22) cm breite Öffnung stehen lassen. Dann die Seiten- und Ärmelnähte auf dieselbe Weise schließen.

Kleiderweste

Größe: 36/38 und 40/42.
Material: Technohair von Gedifra (100 % Polyamid, Lauflänge 90 m/50 g), 350 (400) g in Oliv Nr. 9669; INOX-Rundstricknadel Nr. 6, 80 cm lang; Häkelnadel Nr. 4; 6 Perlmuttknöpfe, ∅ 2,5 cm, 4 Perlmuttknöpfe, ∅ 2 cm.
Grundmuster: glatt re: Hinr re, Rückr li.
Maschenprobe: 15 M und 20 R = 10 × 10 cm.
Rückenteil: 3 M anschlagen und im Grundmuster in R arbeiten, dabei am Ende jeder R 3- (4-) mal 5 M und 6-mal 10 M zunehmen. Weitere 40 R str, dabei in jeder 4. R am Anfang und am Ende jeweils 2 M zusammenstr. In der 41. R für die Armausschnitte an beiden Rändern je 10 M abketten und in den darauf folgenden R 10-mal 2 M zusammenstr. Bis zur 130. (134.) R str und die M locker abketten.
Vorderteil: Bis zur 109. (113.) R wie Rückenteil arbeiten. In der 110. (114.) R für den Halsausschnitt mittig 14 M abketten und in den darauf folgenden R am Ausschnittrand beidseitig 5-mal je 2 M für die Rundung zusammenstr. Bis zur 130. (134.) R str und die M abketten.
Fertigstellung: Die Teile spannen, anfeuchten und trocknen lassen. Die Schulternähte schließen und alle Ränder mit jeweils 1 Rd fester M und Krebsm umhäkeln. Vorder- und Rückenteil an den Seiten mit je 1 größeren Knopf verbinden, dann entsprechend der Zeichnung 4 Knöpfe auf das Vorderteil und 4 Knöpfe auf das Rückenteil nähen.

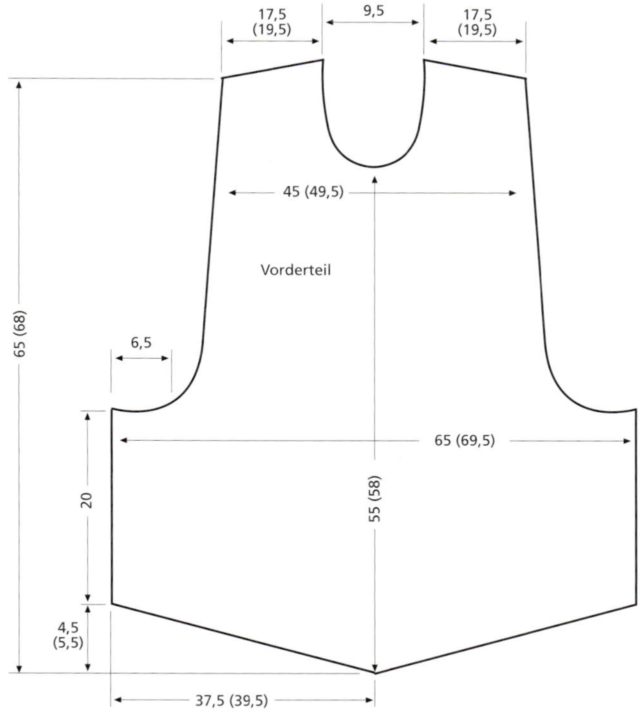

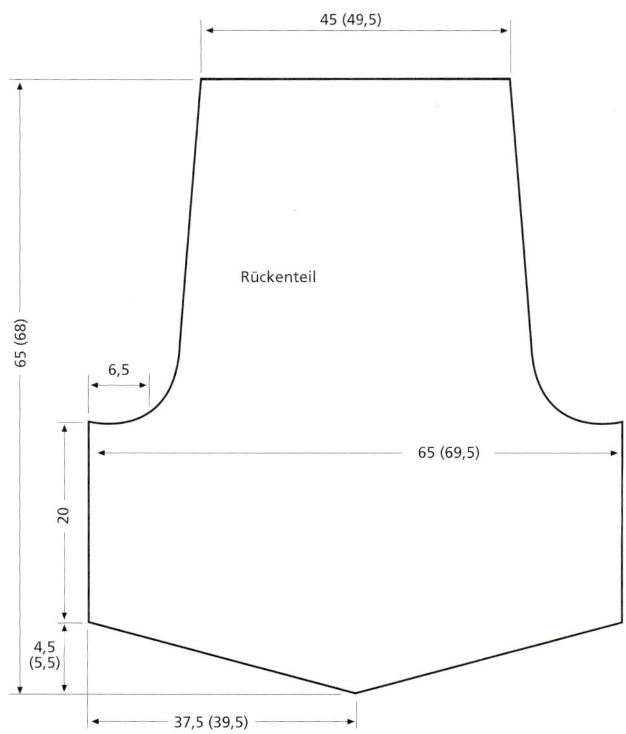

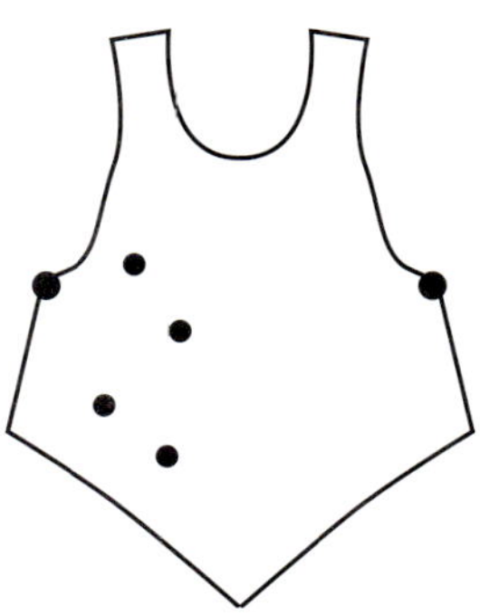

Pullunder mit Knöpfen

Größe: 36/38 und 40/42.
Material: Maori von Gedifra (60 % Baumwolle, 32 % Tactel, 8 % Polyamid, Lauflänge 75 m/ 50 g), 250 (300) g in Grün-Weiß meliert Nr. 2269; INOX-Rundstricknadel Nr. 6, 80 cm lang; Häkelnadel Nr. 4; 12 Kokosnussknöpfe, ∅ 2 cm.
Grundmuster: glatt re: in Rd alle M re; in R Hinr re, Rückr li.
Maschenprobe: 14 M und 20 R = 10×10 cm.
Rückenteil: 70 (73) M anschlagen und im Grundmuster in R arbeiten. In der 31. (35.) R für die Armausschnitte an beiden Rändern jeweils 5 M abketten und in den darauf folgenden R 5-mal 2 M zusammenstr. Für den Halsausschnitt in der 51. (55.) R die mittleren 20 M abketten und in den darauf folgenden R am Ausschnittrand beidseitig 5-mal je 2 M für die Rundung zusammenstr. Bis zur 70. (74.) R str, dann die M locker abketten.
Vorderteil: Bis zur 40. (45.) R wie Rückenteil arbeiten. In der 41. (46.) R für den Halsausschnitt die mittleren 20 M abketten und in den darauf folgenden R am Ausschnittrand beidseitig 5-mal je 2 M für die Rundung zusammenstr. Bis zur 70. (74.) R str und die M abketten.

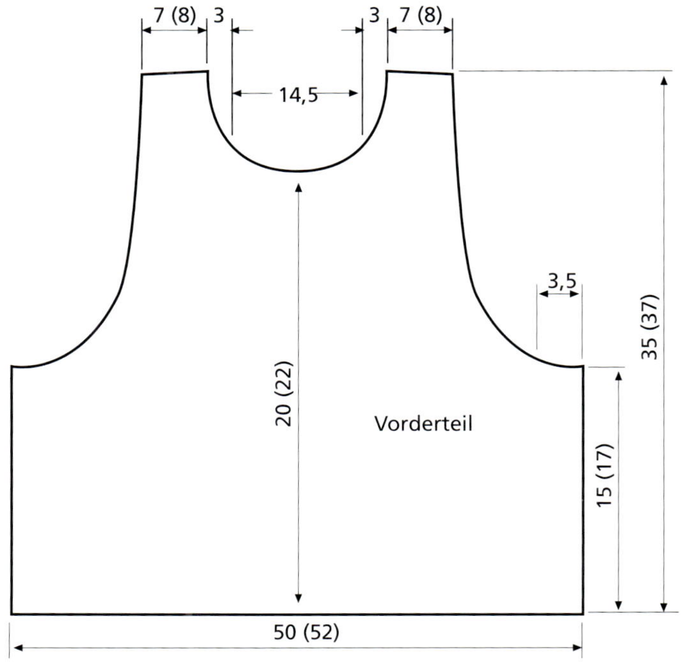

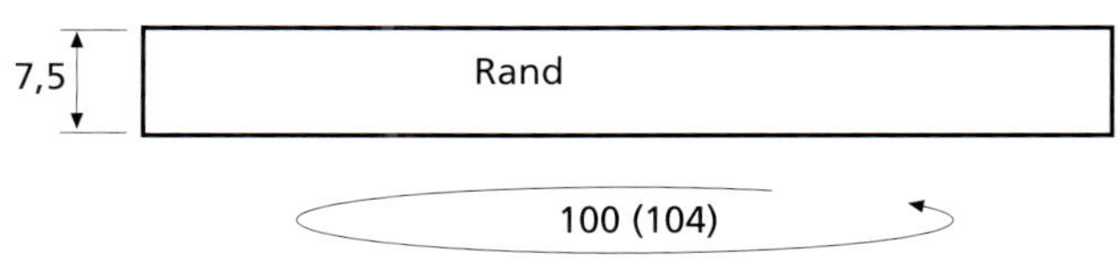

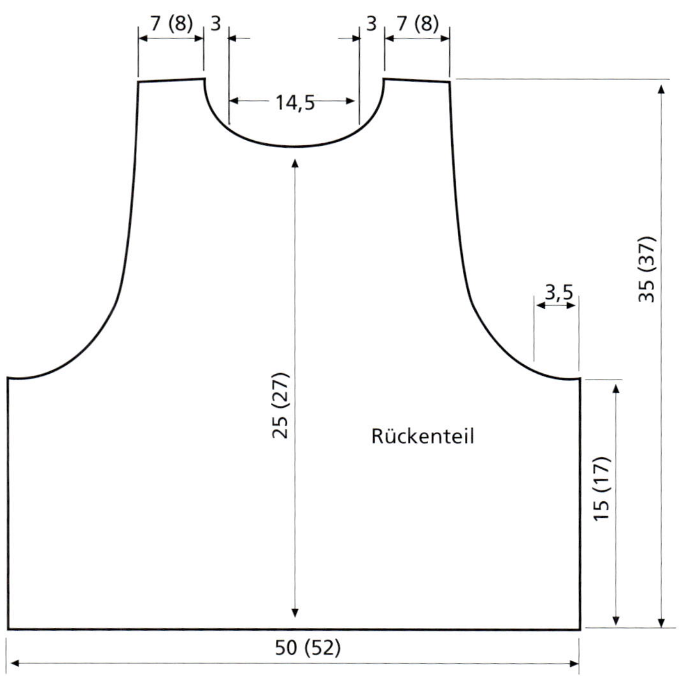

Rand: 140 (146) M anschlagen und im Grundmuster 15 Rd str. Die M abketten.

Fertigstellung: Die Teile spannen, anfeuchten und trocknen lassen. Die Nähte schließen und alle Ränder mit jeweils 1 Rd fester M und Krebsm umhäkeln. Den Rand mit 12 Knöpfen am Vorder- und Rückenteil befestigen.

Tipp:
Der Pullunder kann im Winter über einem Rollkragenpulli getragen werden.

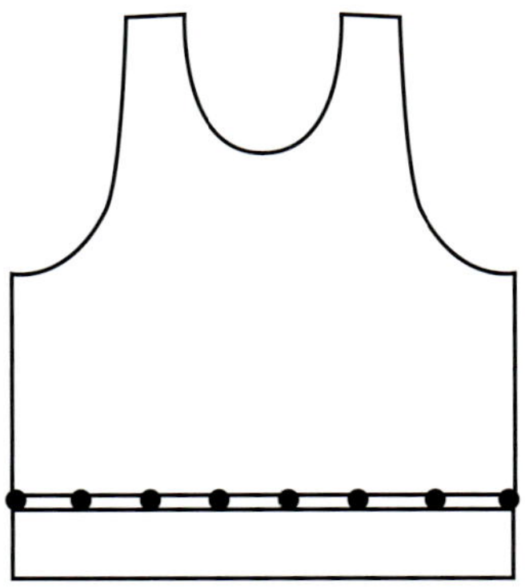

Restepulli

Größe: 36/38 und 40/42.
Material: Gigante von Gedifra (100 % Schurwolle, Lauflänge 30 m/50 g), 300 (350) g in Grün Nr. 2305, 300 (350) g in Orange Nr. 2321, 400 (450) g in Rost Nr. 2341; INOX-Rundstricknadel Nr. 12, 80 cm lang; Häkelnadel Nr. 4.
Musterfolge: Nach nebenstehender Strickschrift arbeiten.
Rippenmuster: Hinr re, Rückr 2 M re, 2 M li im Wechsel.
Maschenprobe: 8 M und 10 R = 10×10 cm.

Rückenteile: 3 Teile von 60 (62) cm Länge arbeiten. Dazu jeweils 15 (16) M anschlagen und 60 (62) R im Grundmuster str. Die M locker abketten.
Vorderteile: 2 Teile von 60 (62) cm und 1 Teil von 50 (52) cm Länge arbeiten. Für die längeren Teile jeweils 15 (16) M anschlagen, 60 (62) R in der angegebenen Musterfolge str und die M abketten. Für das kurze Teil ebenfalls 15 (16) M anschlagen und 50 (52) R in der angegebenen Musterfolge str. Die M abketten.
Ärmel: Jeweils 30 (32) M anschlagen und in Rost im Rippenmuster 50 (52) R str. Die M abketten.

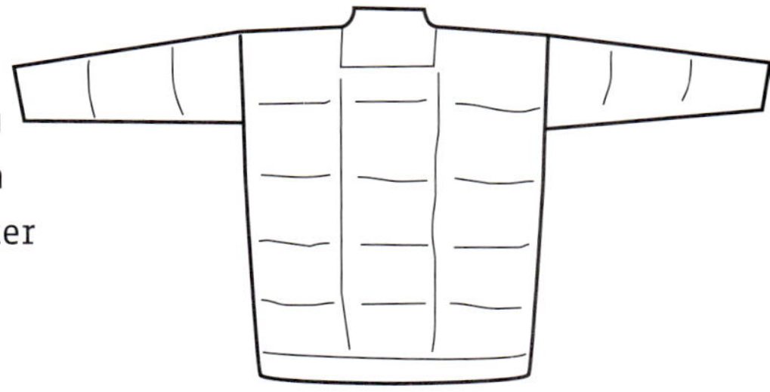

Fertigstellung: Die Teile spannen, anfeuchten und trocknen lassen. Alle Teile wie auf der Zeichnung angeordnet an den Rändern von außen in Rost mit festen M zusammenhäkeln, sodass eine sichtbare „Naht" ent-

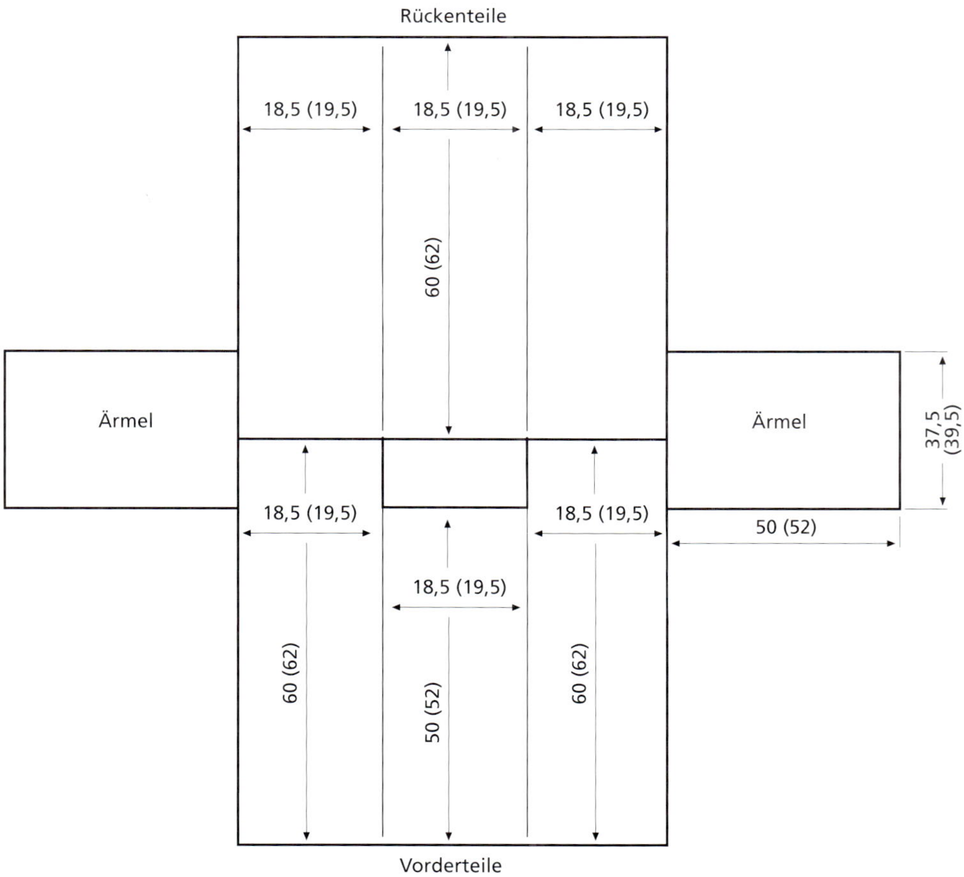

steht. Aus dem Halsausschnitt 52 (54) M auffassen und in Rost 20 (22) R im Rippenmuster str. Die M locker abketten. Aus dem unteren Pullirand 90 (92) M auffassen, in Rost 20 (22) R im Rippenmuster str. Die M abketten.

R 1–57 wdh, jedes Teil um 20 R versetzt beginnen.

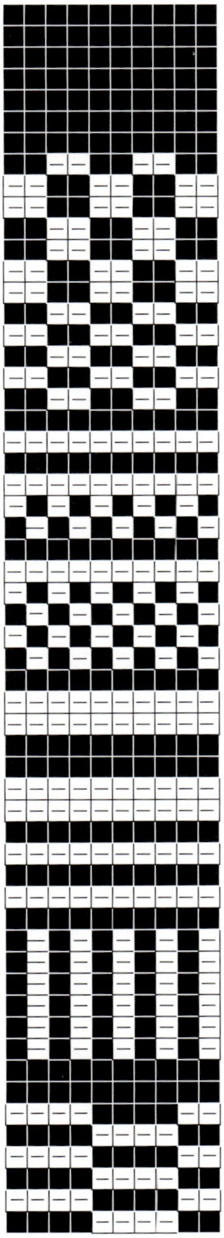

57	Rost
	Orange
55	Orange
	Grün
53	Grün
	Rost
51	Rost
	Orange
49	Orange
	Orange
47	Orange
	Orange
45	Orange
	Grün
43	Grün
	Grün
41	Grün
	Grün
39	Grün
	Rost
37	Rost
	Rost
35	Rost
	Orange
33	Orange
	Grün
31	Grün
	Orange
29	Orange
	Orange
27	Orange
	Grün
25	Grün
	Grün
23	Grün
	Grün
21	Grün
	Rost
19	Rost
	Rost
17	Rost
	Rost
15	Rost
	Orange
13	Orange
	Orange
11	Orange
	Orange
9	Orange
	Grün
7	Grün
	Rost
5	Rost
	Rost
3	Rost
	Rost
1	Rost

Jacke oder Pulli

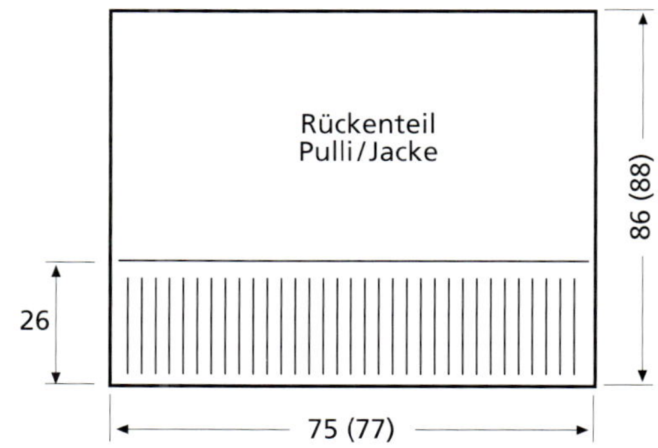

Größe: 36/38 und 40/42.
Material: Magna von Schachenmayr (51 % Schurwolle, 31 % Polyacryl, 18 % Polyamid, Lauflänge 35 m/50 g), 900 (1000) g in Schwarz Nr. 99 für die Jacke, 850 (950) g in Burgund Nr. 32 für den Pulli; INOX-Rundstricknadel Nr. 12, 80 cm lang; Häkelnadel Nr. 4; 5 Beinknöpfe für die Jacke, 4,5 cm groß.
Rippenmuster: Hinr re, Rückr 2 M re, 2 M li im Wechsel.
Kraus: Hin- und Rückr re.
Glatt re: Hinr re, Rückr li.
Maschenprobe: 8 M und 10 R = 10×10 cm.

Jacke

Rückenteil: 60 (62) M anschlagen und 26 R im Rippenmuster str. Danach abwechselnd 6 R kraus und 4 R glatt re str. Bis zur 86. (88.) R str und die M locker abketten.
Vorderteile: Jeweils 32 (33) M anschlagen, 26 R im Rippenmuster und dann abwechselnd 6 R kraus und 4 R glatt re str. In der 75. (77.) R für den Halsausschnitt am Innenrand 7 M abketten und in den darauf folgenden R am Ausschnittrand 3-mal 2 M für die Rundung zusammenstr. Bis zur 86. (88.) R str und die M abketten.
Ärmel: Jeweils 40 (42) M anschlagen und bis zur 26. R abwechselnd 6 R kraus und 4 R glatt re str, danach im Rippenmuster arbeiten. Bis zur 46. (48.) R str und die M abketten.
Fertigstellung: Die Teile spannen, anfeuchten und trocknen lassen. Die Nähte schließen, die Ärmel einsetzen und alle Ränder mit festen M umhäkeln. An die rechte Vorderseite als Verschlüsse 3 große Schlaufen aus Luftm häkeln, an die linke Vorderseite die Knöpfe nähen.

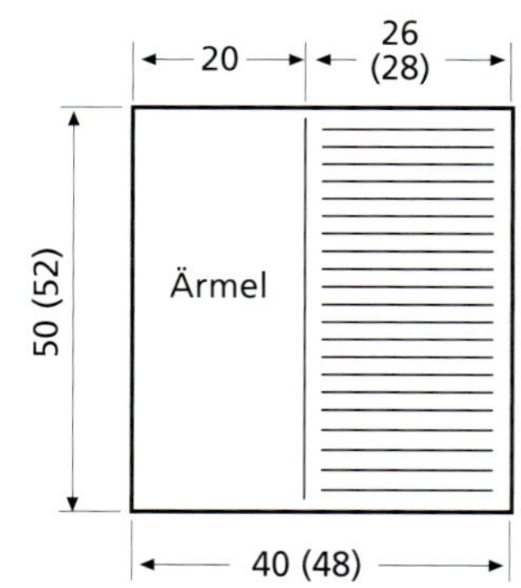

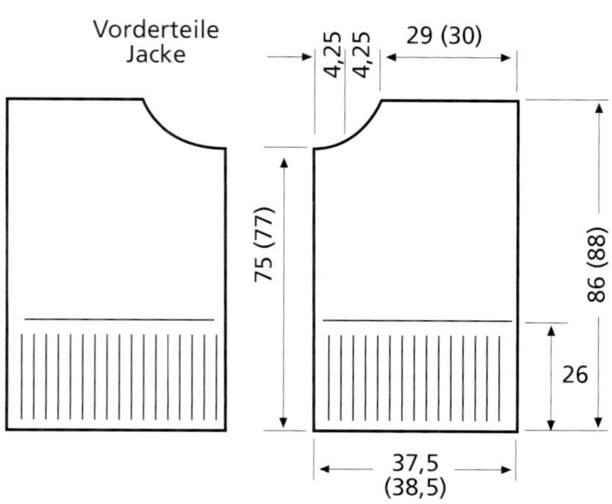

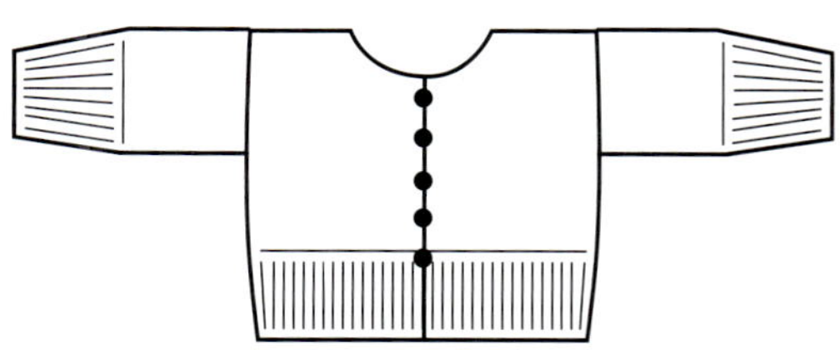

Pulli

Rückenteil: Wie das der Jacke arbeiten.

Vorderteil: 60 (62) M anschlagen und bis zur 74. (76.) R wie Rückenteil arbeiten. In der 75. (77.) R für den Halsausschnitt die mittleren 14 M abketten und in den darauf folgenden R am Ausschnittrand beidseitig 3-mal je 2 M für die Rundung zusammenstr. Bis zur 86. (88.) R str und die M abketten.

Ärmel: Wie die der Jacke arbeiten.

Fertigstellung: Die Teile spannen, anfeuchten und trocknen lassen. Die Nähte schließen, die Ärmel einsetzen und alle Ränder mit festen M umhäkeln.

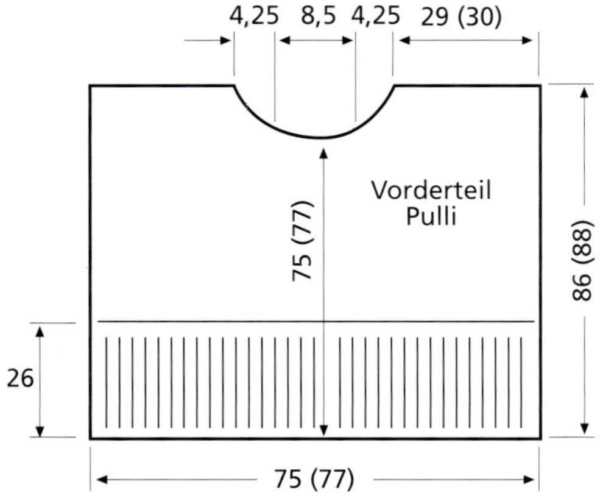

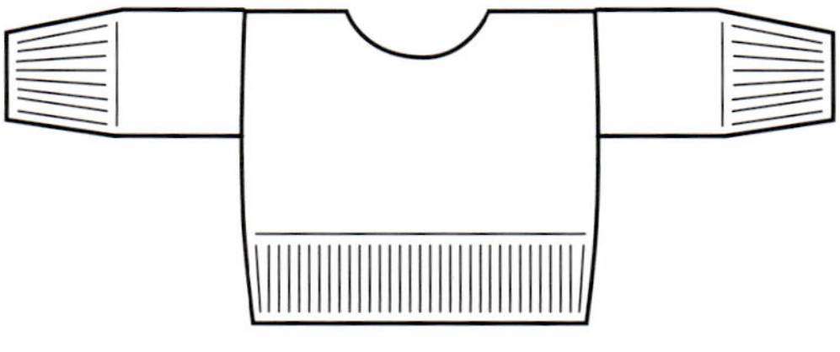

Jacke mit Plüschrand

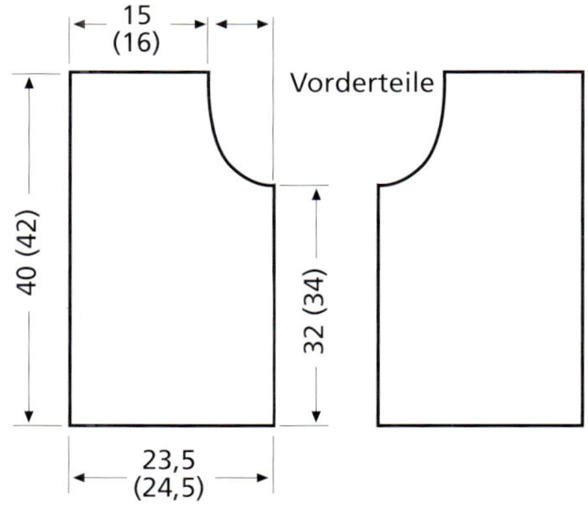

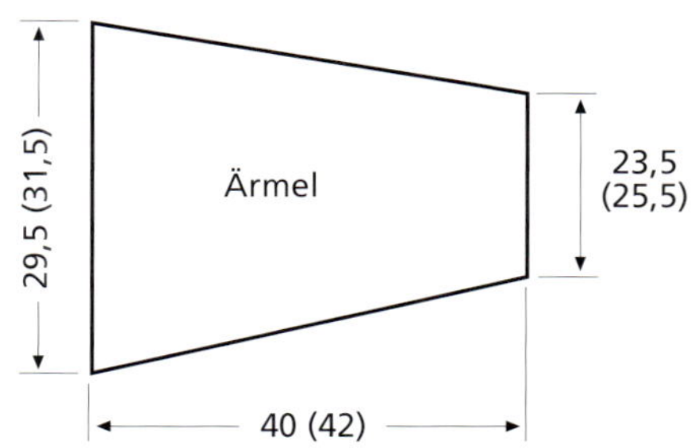

Größe: 36/38 und 40/42.
Material: Micro Color von Schachenmayr (100 % Microfaser, Lauflänge 145 m/50 g), 200 (250) g in Atlantic Nr. 86, Techno Hair von Gedifra (100 % Microfaser, Lauflänge 90 m/50 g), 100 g in Oliv Nr. 9682; INOX-Rundstricknadel Nr. 4, 80 cm lang; Häkelnadel Nr. 4.
Grundmuster: glatt re: Hinr re, Rückr li.
Maschenprobe: 17 M und 25 R = 10×10 cm.
Rückenteil: 70 (73) M anschlagen und im Grundmuster in R arbeiten. Für die Taillierung in der 20., 30., 40. und 50. R an beiden Rändern je 2 M zusammenstr, in der 60. und 70. R an beiden Rändern je 1 M zunehmen. Bis zur 100. (105.) R str und die M locker abketten.
Vorderteile: Jeweils 40 (42) M anschlagen und im Grundmuster in R arbeiten. Für die Taillierung in der 20., 30., 40. und 50. R am Außenrand 2 M zusammenstr, in der 60. und 70. R am Außenrand je 1 M zunehmen. In der 81. (86.) R für den Halsausschnitt am Innenrand 10 M abketten, in den darauf folgenden R am Ausschnittrand 5-mal 2 M für die Rundung zusammenstr. Bis zur 100. (105.) R str, dann die M abketten.
Ärmel: Jeweils 50 (52) M anschlagen und 100 (105) R im Grundmuster str, dabei in der 30., 40., 50., 60. und 70. R an beiden Rändern je 2 M für die Ärmelschrägung zusammenstr. Die M abketten.
Fertigstellung: Die Teile spannen, anfeuchten und trocknen lassen. Die Nähte schließen und die Ärmel einsetzen. Für den Kragen aus dem Rand des Halsausschnitts 70 (72) M auffassen, dabei von den beiden Ecken des Ausschnitts ausgehend jeweils 3 cm aussparen. 20 R im Grundmuster str, anschließend alle Ränder mit 3 Rd fester M mit Techno Hair in Oliv umhäkeln. Den Kragen und die verbliebenen Ecken des Halsausschnitts nach außen schlagen.

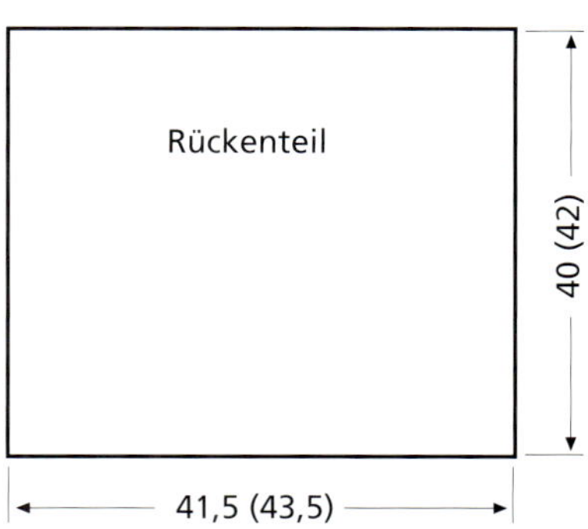

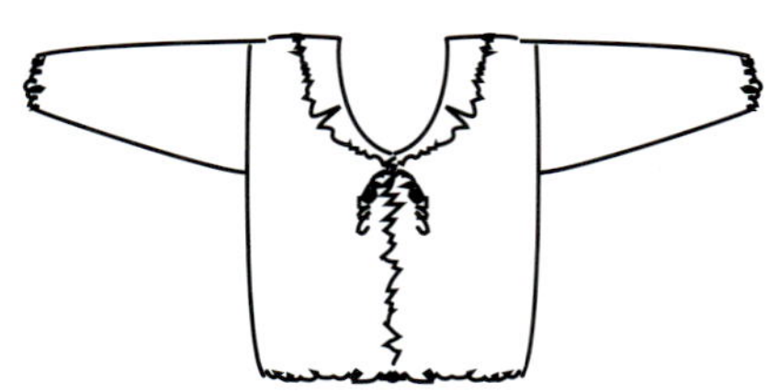

Raglanpulli

Größe: 36/38 und 40/42.
Material: Peruana von Gedifra (90 % Schurwolle,10 % Polyamid, Lauflänge 30 m/50 g), 1000 (1100) g in Rost meliert Nr. 1644; INOX-Rundstricknadel Nr. 12, 80 cm lang.
Grundmuster: glatt re: in Rd alle M re; in R Hinr re, Rückr li.
Rippenmuster: 2 M re, 2 M li im Wechsel.
Maschenprobe: 10 M und 12 R = 10×10 cm.
Raglanpasse: 48 M anschlagen und 6 Rd im Rippenmuster str. Dann für die Ärmel je 2 rechte M, für die 4 Raglanschrägen je 6 M (2 li, 2 re, 2 li) und für das Vorder- und das Rückenteil je 10 M (2 re, 2 li, 2 re, 2 li, 2 re) abzählen. Die 8 Übergangsstellen mit einem sich abhebenden Faden markieren. In Rd weiterarbeiten, dabei Ärmel, Vorder- und Rückenteil im Grundmuster und die jeweiligen 6 M der Raglanschrägen im Rippenmuster (2 li, 2 re, 2 li) str. In jeder 2. Rd li und re neben der Markierung je 1 M zunehmen. Bis zur 38. (40.) Rd str, dann für jeden Ärmel 40 (42) M und je 3 M der Raglanschrägen stilllegen.
Rücken- und Vorderteil: Die verbleibenden M für das Vorder- und Rückenteil zusammenfügen und 36 (38) Rd im Grundmuster str. Danach 10 Rd im Rippenmuster arbeiten, dabei für das auf der Vorder- und Rückenseite

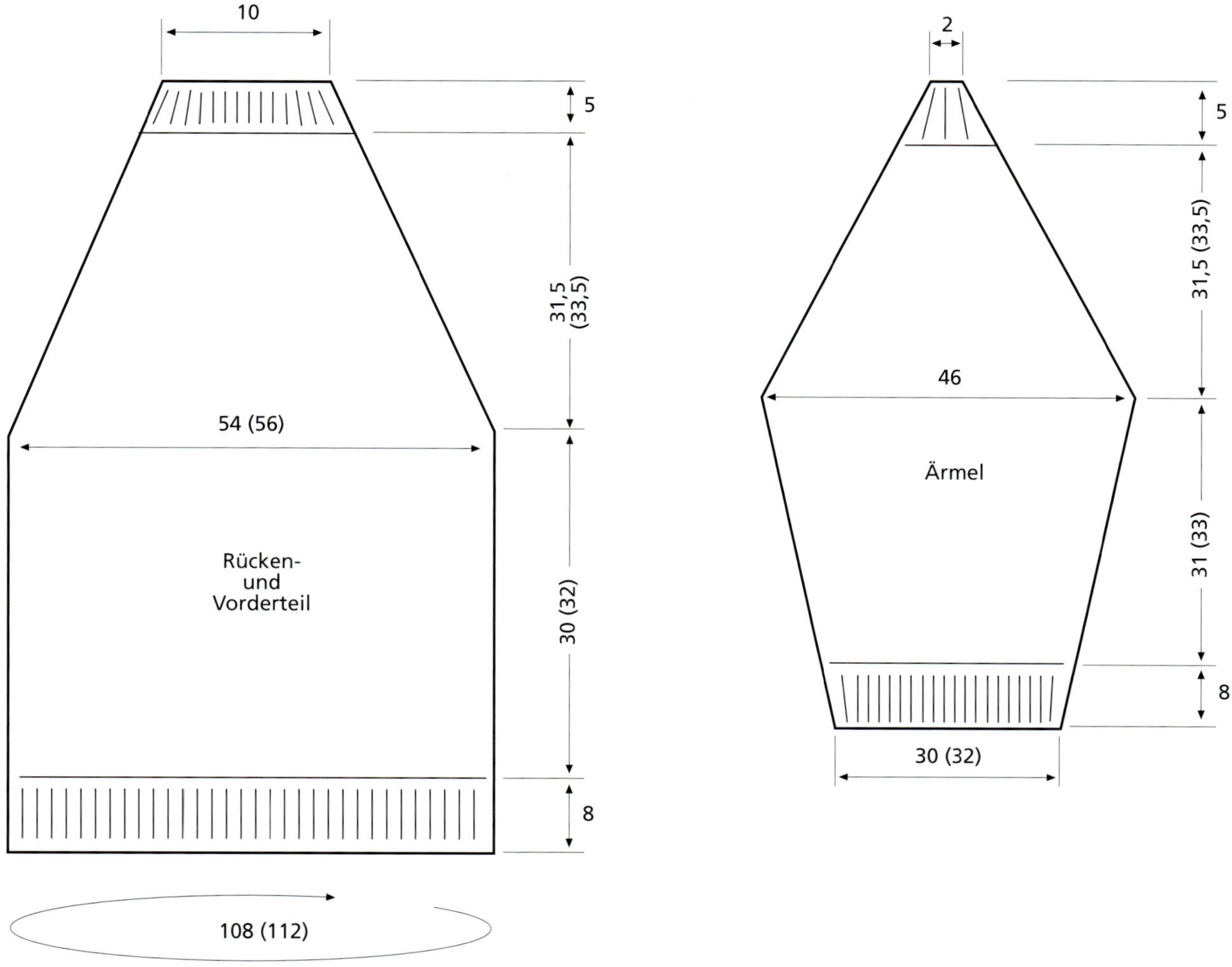

mittig zusammenlaufende Muster jeweils re und li neben den beiden mittleren M des Vorder- und des Rückenteils in jeder 2. Rd 1 M zunehmen. Anschließend die M locker abketten.

Ärmel: Die stillgelegten M wieder in Arbeit nehmen. Jeweils 40 (42) R im Grundmuster und 10 R im Rippenmuster str, dabei an beiden Rändern gleichmäßig verteilt 8-mal je 2 M für die Ärmelschrägung zusammenstr. Die M abketten.

Fertigstellung: Den Pulli spannen, anfeuchten und trocknen lassen. Die Ärmelnähte schließen.

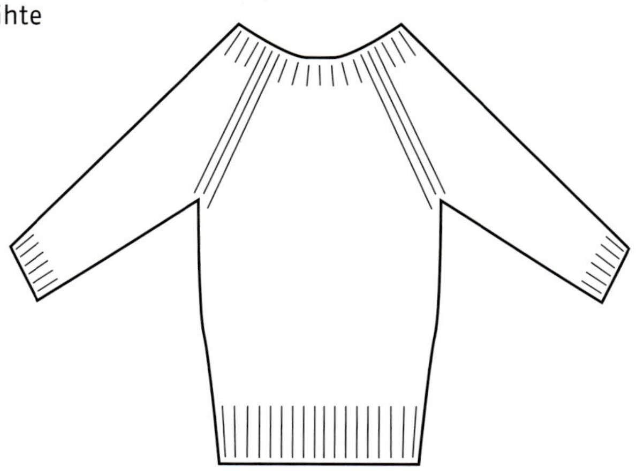

Mustermixpulli

Größe: 36/38 und 40/42.
Material: Marokko von Gedifra (100 % Baumwolle, Lauflänge 90 m/50 g), 150 (200) g in Oliv Nr. 1917, Bandolero Color von Schachenmayr (100 % Polyamid, Lauflänge 65 m/25 g), 50 g in Jazz Nr. 85, Marabu von Schachenmayr (60 % Microfaser, 40 % Polyester, Lauflänge 75 m/50 g), 100 (150) g in Grün Nr. 74, Diva von Schachenmayr (60 % Polyamid, 40 % Schurwolle, Lauflänge 120 m/50 g), 50 g in Dunkelgrün Nr. 70, Catania von Schachenmayr (100 % Baumwolle, Lauflänge 125 m/50 g), 200 (250) g in Dschungel Nr. 224; INOX-Rundstricknadel Nr. 4,5, 80 cm lang; Häkelnadel Nr. 4.
Musterfolge: Nach untenstehender Strickschrift arbeiten.
Maschenprobe: 16 M und 20 R = 10 × 10 cm.

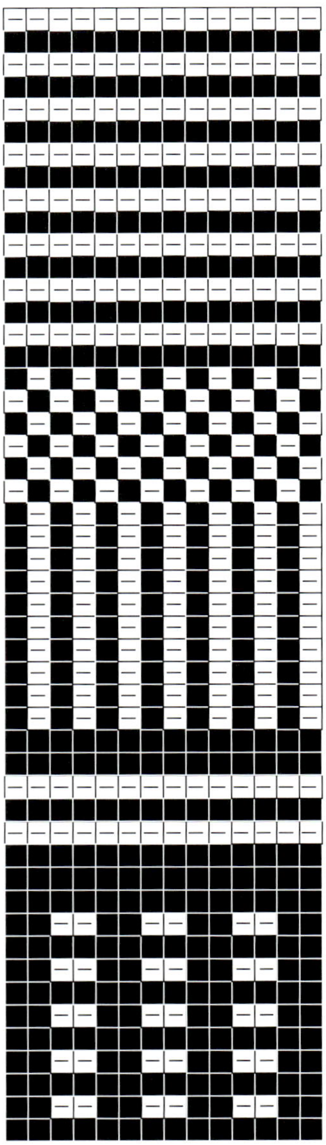

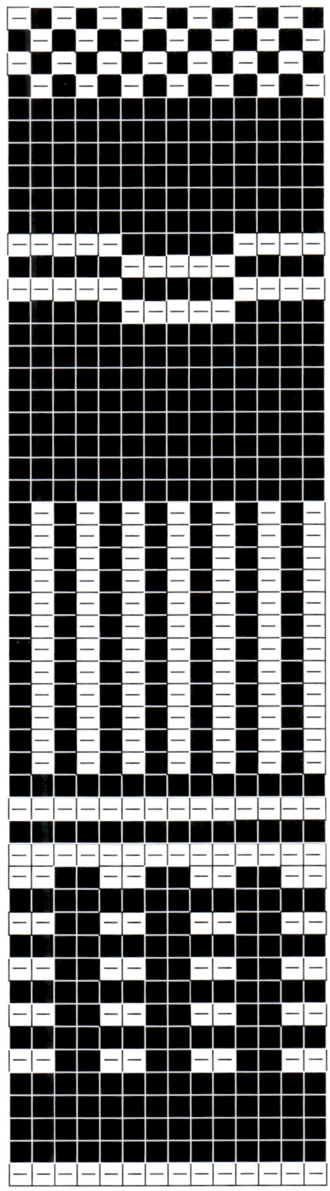

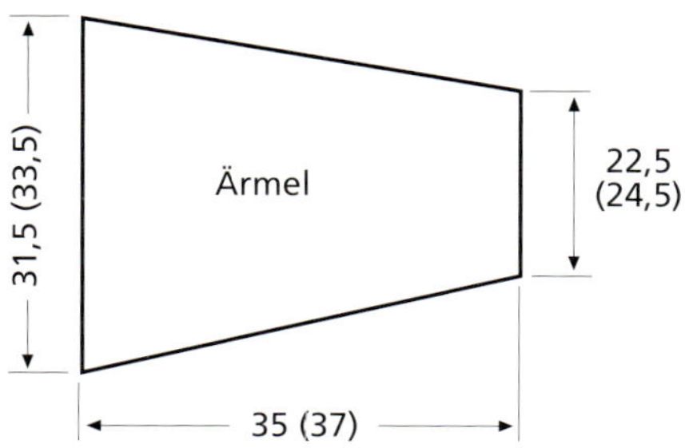

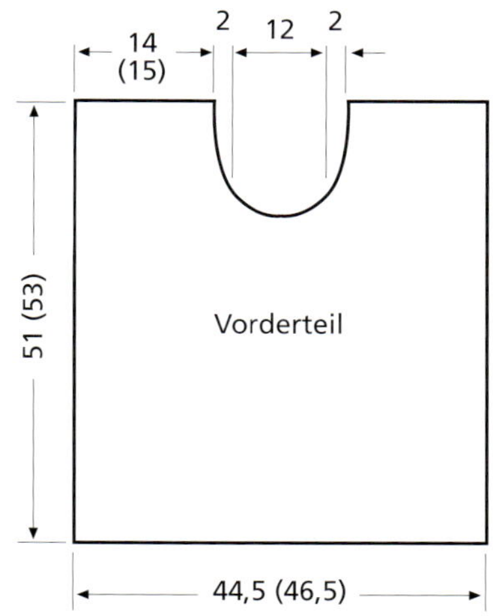

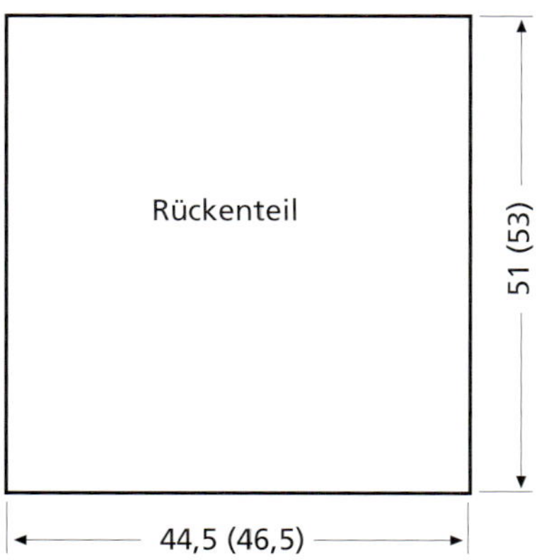

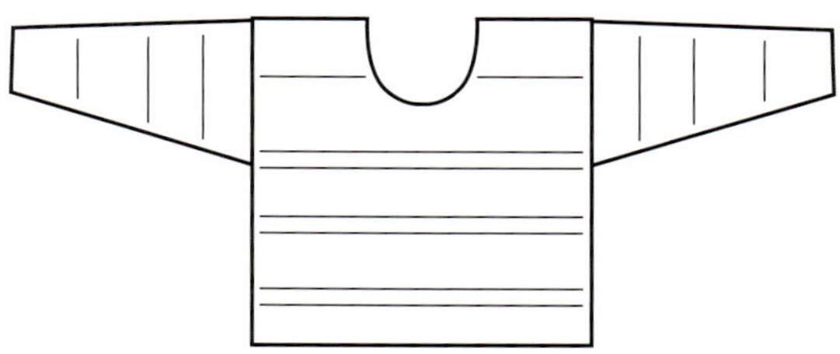

Rückenteil: 70 (73) M anschlagen und 102 (106) R im Grundmuster str. Die M locker abketten.

Vorderteil: 70 (73) M anschlagen und in der angegebenen Musterfolge in R str. In der 85. (89.) R für den Halsausschnitt die mittleren 20 M abketten und in den darauf folgenden R am Ausschnittrand beidseitig 3-mal je 2 M für die Rundung zusammenstr. Bis zur 102. (106.) R str und die M abketten.

Ärmel: Jeweils 50 (53) M anschlagen und 70 (74) R in der angegebenen Musterfolge str, dabei an beiden Rändern gleichmäßig verteilt 7-mal je 2 M für die Ärmelschrägung zusammenstr. Die M abketten.

Fertigstellung:
Die Teile spannen, anfeuchten und trocknen lassen. Die Nähte schließen und die Ärmel einsetzen. Alle Ränder mit je 1 Rd fester M und Krebsm umhäkeln.

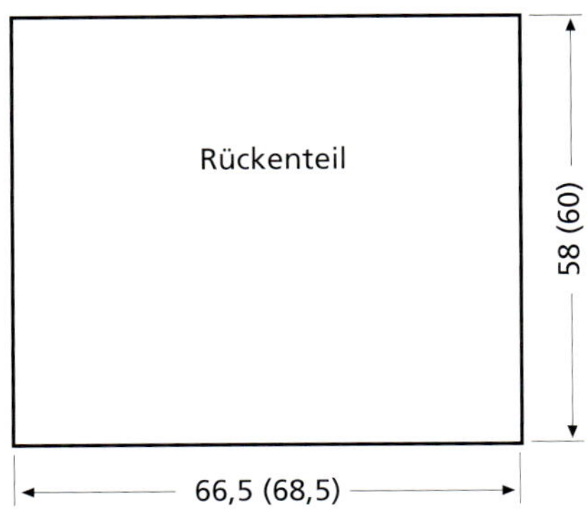

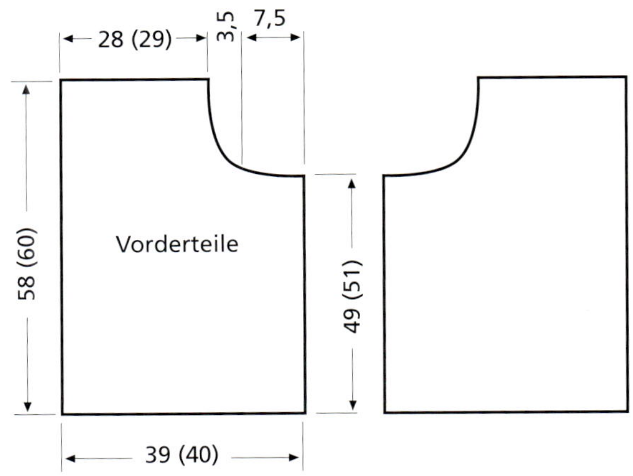

Jacke in Perlmuster

Größe: 36/38 und 40/42.

Material: Magna von Schachenmayr (51 % Schurwolle, 31 % Polyacryl, 18 % Polyamid, Lauflänge 35 m/50 g), 900 (1000) g in Wollweiß Nr. 02; INOX-Rundstricknadel Nr.12, 80 cm lang; Häkelnadel Nr. 4; 4 Hornknöpfe, ∅ 4 cm.

Grundmuster: Perlmuster: 1 M re, 1 M li im Wechsel; nach jeder R die M versetzen.

Maschenprobe: 9 M und 12 R = 10×10 cm.

Rückenteil: 60 (62) M anschlagen und 70 (72) R im Grundmuster str. Die M locker abketten.

Linkes Vorderteil: 35 (36) M anschlagen und im Grundmuster in R arbeiten. In der 61. (63.) R für den Halsausschnitt am Innenrand 7 M abketten und in den darauf folgenden R am Ausschnittrand 3-mal 2 M für die Rundung zusammenstr. Bis zur 70. (72.) R str und die M abketten.

Rechtes Vorderteil: 35 (36) M anschlagen und im Grundmuster in R arbeiten. In der 40. (42.) und 50. (52.) R je 2 Knopflöcher arbeiten. Für das 1. Knopfloch vom Innenrand ausgehend jeweils die 4. und 5. M, für das 2. Knopfloch jeweils die 9. und 10. M abketten. In der darauf folgenden R wieder je 2 M aufstr. In der 61. (63.) R für den Halsausschnitt am Innenrand 7 M abketten und in den darauf folgenden R am Ausschnittrand 3-mal 2 M für die Rundung

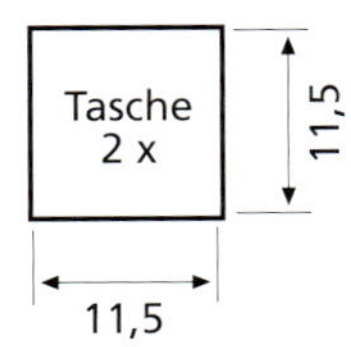

zusammenstr. Bis zur 70. (72.) R arbeiten, dann die M abketten.

Ärmel: Jeweils 40 (42) M anschlagen und 60 (62) R im Grundmuster str, dabei an beiden Rändern gleichmäßig verteilt 5-mal je 2 M für die Ärmelschrägung zusammenstr. Die M abketten.

Taschen: Jeweils 10 M anschlagen, im Grundmuster 14 R str und die M abketten.

Fertigstellung: Die Teile spannen, anfeuchten und trocknen lassen. Die Nähte schließen und die Ärmel einsetzen. Alle Ränder mit 1 Rd fester M umhäkeln und die Knöpfe annähen. Die beiden Taschen jeweils 3 cm vom äußeren und 3 cm vom unteren Rand entfernt auf die Vorderteile nähen.

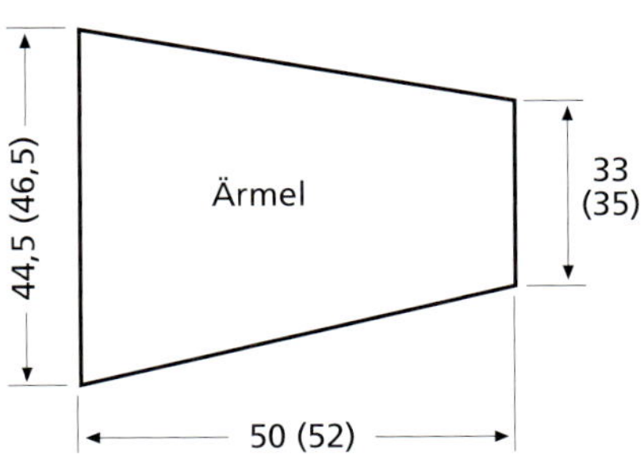

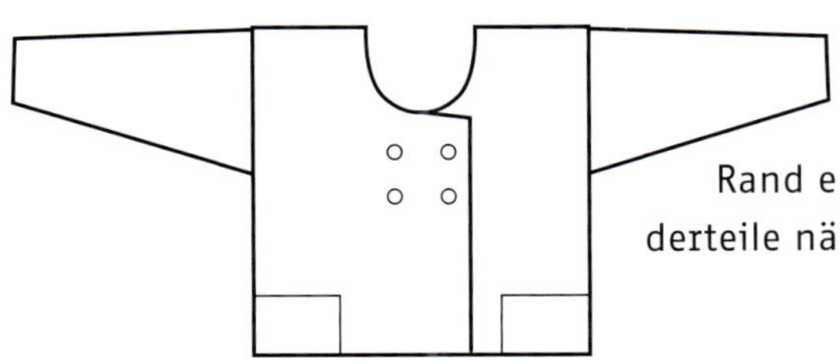

Taschenpulli

Größe: 36/38 und 40/42.
Material: Gigante von Gedifra (100 % Schurwolle, Lauflänge 30 m/50 g), 900 (1000) g in Lila meliert Nr. 2338; INOX-Rundstricknadel Nr. 12, 80 cm lang; 2 Beinknöpfe, 4,5 cm groß.
Grundmuster: glatt re: in Rd alle M re; in R Hinr re, Rückr li.
Maschenprobe: 8 M und 10 R = 10×10 cm.

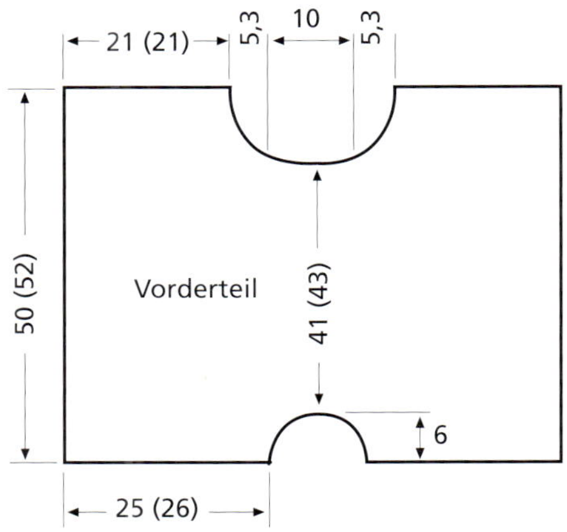

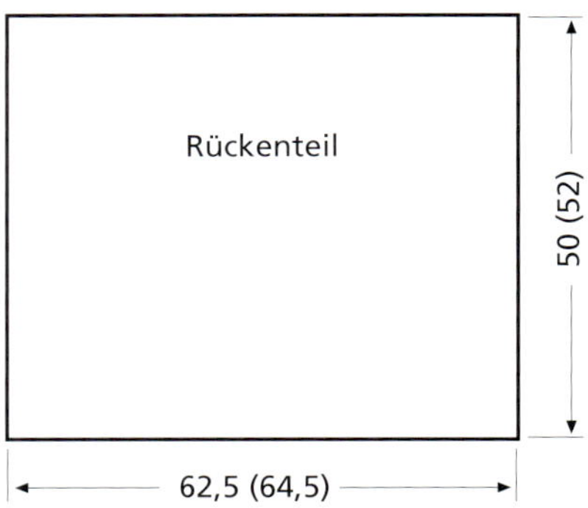

Rückenteil: 50 (52) M anschlagen und 50 (52) R im Grundmuster str. Die M locker abketten.
Vorderteil: 20 (21) M anschlagen und im Grundmuster in R arbeiten, dabei in jeder 2. R an einer Seite 5-mal 1 M zunehmen. Danach die Arbeit stilllegen. Wiederum 20 (21) M anschlagen und gegengleich wie beschrieben arbeiten. Beide Teile zusammenfügen und im Grundmuster weiterstr. Für den Halsausschnitt in der 41. (43.) R die mittleren 8 M abketten und in den darauf folgenden R am Ausschnittrand beidseitig 3-mal je 2 M für die Rundung zusammenstr. Bis zur 50. (52.) R str und die M abketten.
Ärmel: Jeweils 35 (37) M anschlagen und im Grundmuster 60 (62) R str, dabei an beiden Rändern gleichmäßig verteilt 5-mal je 2 M für die Ärmelschrägung zusammenstr. Die M abketten.
Taschen: Jeweils 13 M anschlagen und 14 R im Grundmuster str. Dann die M abketten.
Fertigstellung: Die Teile spannen, anfeuchten und trocknen lassen. Die Nähte schließen und die Ärmel einsetzen. Aus dem Rand des Halsausschnitts 48 (50) M auffassen und im Grundmuster 12 (14) Rd str. Die beiden Taschen jeweils re und li neben den Schlitz auf das Vorderteil nähen. Am oberen Rand der Taschen mittig je 1 Knopf befestigen, das Ende des Garns 4 cm aus dem Knopfloch hängen lassen und ausfransen.

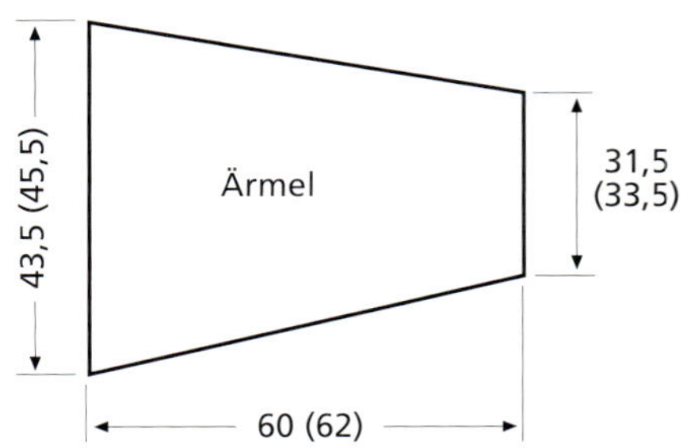

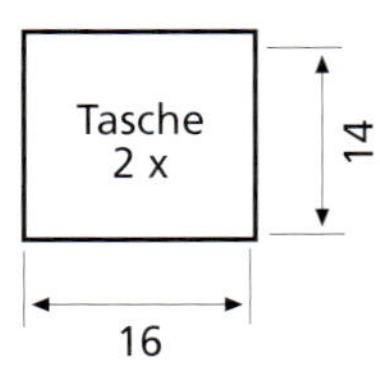

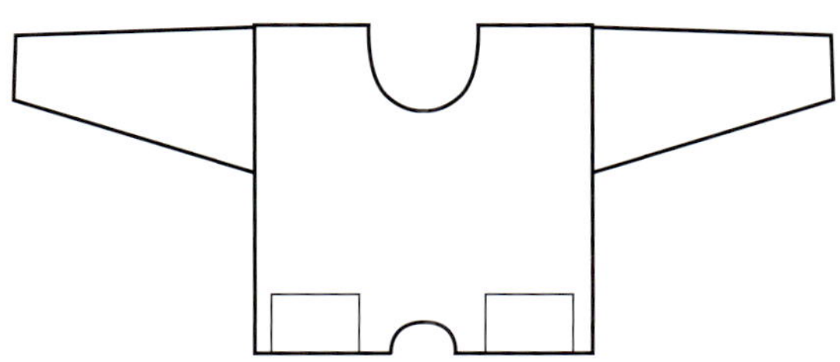

Schal, Mütze, Handschuhe

Größe: Schal: 162 cm lang; Mütze: Größe 52; Handschuhe: Größe 5.
Material: Verusca von Gedifra (63 % Schurwolle, 20 % Polyacryl, 17 % Polyamid, Lauflänge 110 m/50 g), 300 g in Braun-Violett meliert Nr. 2006, Aurora von Schachenmayr (55 % Baumwolle, 45 % Polyacryl, Lauflänge 90 m/50 g), 350 g in Wollweiß Nr. 20; INOX-Rundstricknadel Nr. 8, 80 cm lang.
Kraus: Hin- und Rückr re.
Glatt re: alle M re.
Rippenmuster: 1 M re, 1 M li im Wechsel.
Maschenprobe: 14 M und 18 R = 10×10 cm.

Schal: 25 M mit doppeltem Faden anschlagen (Braun-Violett und Wollweiß zusammenstr), 290 R kraus str und die M abketten.
Fertigstellung: Den Schal spannen, anfeuchten und trocknen lassen.

Mütze: 50 M mit doppeltem Faden anschlagen (Braun-Violett und Wollweiß zusammenstr). Bis zur 14. Rd abwechselnd 1 Rd re und 1 Rd 5 M re, 5 M li str, danach 2-mal abwechselnd 1 Rd re, 1 Rd li str. Mit doppeltem wollweißem Garn weiterarbeiten und 12 Rd glatt re str. In der folgenden Rd jede 4. und 5. M zusammenstr, 1 Rd glatt re arbeiten, in der nächsten Rd jede 3. und 4. M zusammenstr, wieder 1 Rd glatt re str, in der darauf folgenden Rd jede 2. und 3. M zusammenstr. Anschließend 1 Rd glatt re str, in der nächsten Rd jeweils 2 M zusammenstr. Von den verbleibenden 10 M je 2 M zusammenstr und die letzten 5 M abketten und zusammenziehen. Für die Ohrenklappen an 2 gegenüberliegenden Seiten des Mützenrandes je 10 M aufnehmen und 14 R kraus str. Die M abketten.
Fertigstellung: Die Mütze spannen, anfeuchten und trocknen lassen. Den wollweißen Teil der Mütze zur Spitze hin in 5 gleich große dreieckige Segmente einteilen und diese ebenso wie den unteren Mützenrand und den oberen Abschluss des gerippten Randes mit 1 Rd fester M in Braun-Violett umhäkeln. Um die Mützenspitze aus festen M eine braun-violette Quaste häkeln.

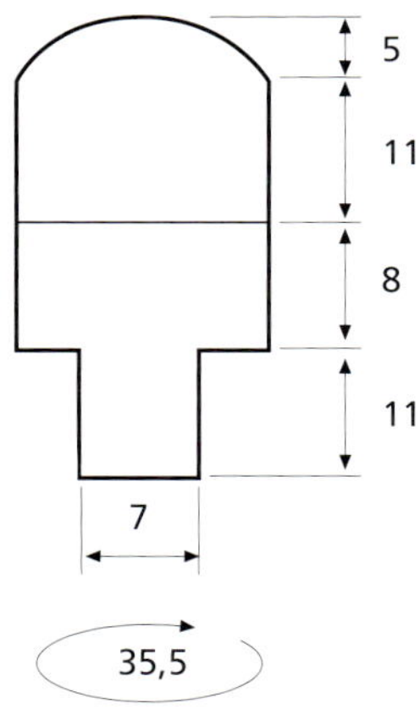

Handschuhe: Jeweils 24 M mit doppeltem Faden anschlagen (Braun-Violett und Wollweiß zusammenstr) und 10 Rd im Rippenmuster arbeiten, dann für den Daumen 2 nebeneinander liegende M mit einem sich abhebenden Faden markieren. Glatt re in Rd weiterstr, dabei in jeder 2. Rd li und re neben den markierten M je 1 M zunehmen. Nach 12 Rd die 14 M für den Daumen stilllegen, die restlichen M zusammenfügen und 16 Rd glatt re str. Anschließend für die Handschuhspitze auf der linken und rechten Seite je 1 M markieren und in jeder 2. Rd re

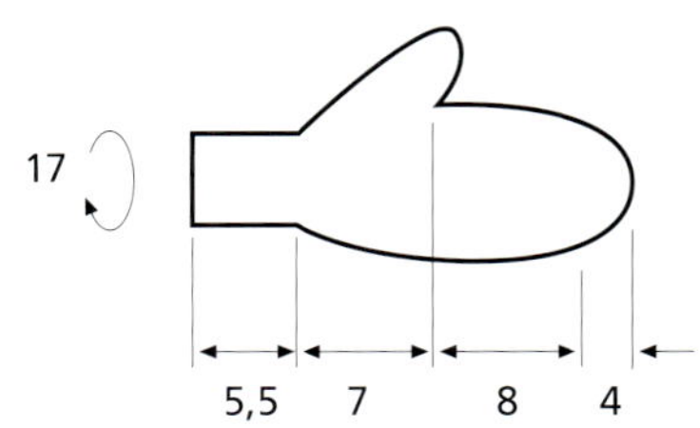

und li neben diesen M je 2 M zusammenstr. Die letzten M abketten und zusammenziehen. Die M für den Daumen wieder in Arbeit nehmen und 14 Rd glatt re str. Je 2 M zusammenstr und die verbliebenen 7 M abketten und zusammenziehen.

Fertigstellung: Die Handschuhe spannen, anfeuchten und trocknen lassen.

Poncho

Größe: Einheitsgröße.
Material: Passion von Schachenmayr (45 % Schurwolle, 45 % Polyacryl, 10 % Polyamid, Lauflänge 70 m/50 g), 150 g in Rost Nr. 32, 150 g in Schwarz Nr. 99, 100 g in Orange Nr. 26, 100 g in Braun Nr. 14; INOX-Rundstricknadel Nr. 6, 80 cm lang.
Glatt re: alle M re.
Kraus: 1 Rd re, 1 Rd li.
Maschenprobe: 10 M und 12 R = 10 × 10 cm.
Poncho: 60 M in Rost anschlagen. Für die Raglanschrägen jede 14. und 15. M markieren und in jeder 2. Rd re und li neben den markierten M je 1 M zunehmen. 26 Rd glatt re, dann 18 Rd in Schwarz kraus, 13 Rd in Orange kraus, 18 Rd wieder in Rost glatt re, 10 Rd in Braun glatt re und 13 Rd in Schwarz glatt re str. Danach die M locker abketten.
Fertigstellung: Den Poncho spannen, anfeuchten und trocknen lassen.

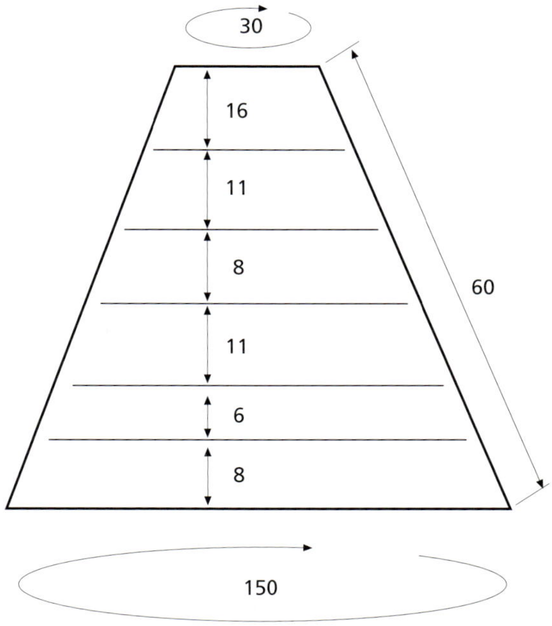

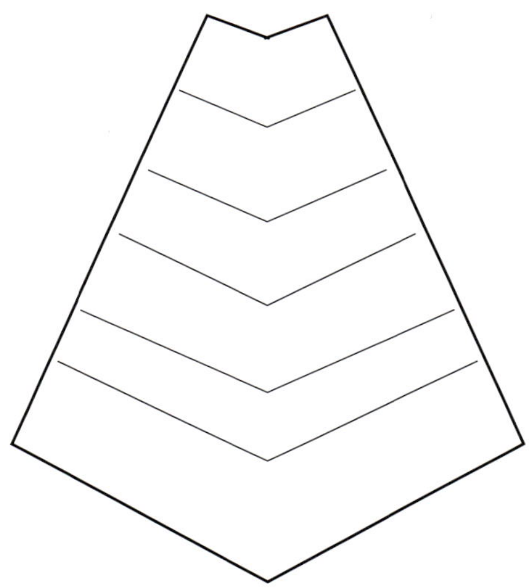

Überwurf mit Knöpfen

Größe: Einheitsgröße.
Material: Cascade von Gedifra (50 % Viskose, 35 % Mikrofaser, 15 % Polyamid, Lauflänge 55 m/ 50 g), 500 g in Braun-Beige meliert Nr. 7704; INOX-Rundstricknadel Nr. 10, 80 cm lang; Häkelnadel Nr. 4; 2 Beinknöpfe, 5 cm groß.
Grundmuster: kraus: Hin- und Rückr re.
Maschenprobe: 9 M und 12 R = 10×10 cm.
Rückenteil: 60 M anschlagen und 50 R im Grundmuster str. Die M locker abketten.
Vorderteile: Jeweils 60 M anschlagen und Grundmuster arbeiten. In der 27. R am Innenrand 18 M abketten und in den nächsten 24 R am Ausschnittrand sowohl in den Hin- wie in den Rückr 2 M für die Schräge zusammenstr. Dann die M locker abketten.
Fertigstellung: Die Teile spannen, anfeuchten und trocknen lassen. Schulternähte schließen, alle Ränder mit festen M umhäkeln. Die Vorderteile an den Außenseiten mit je 1 Knopf mit dem Rückenteil verbinden.

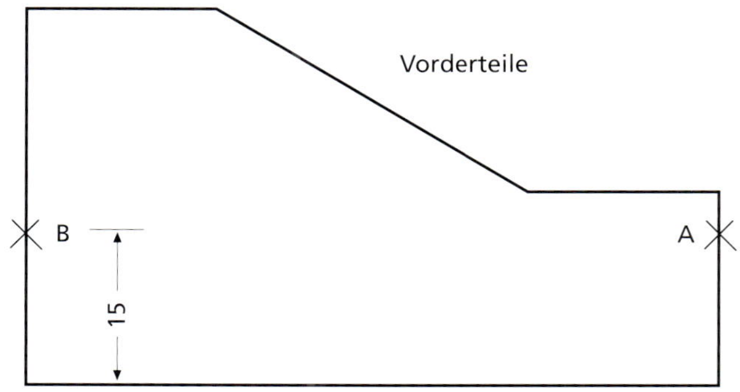

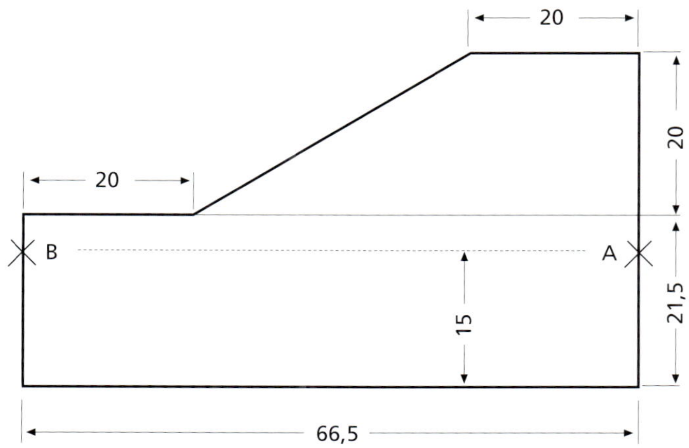

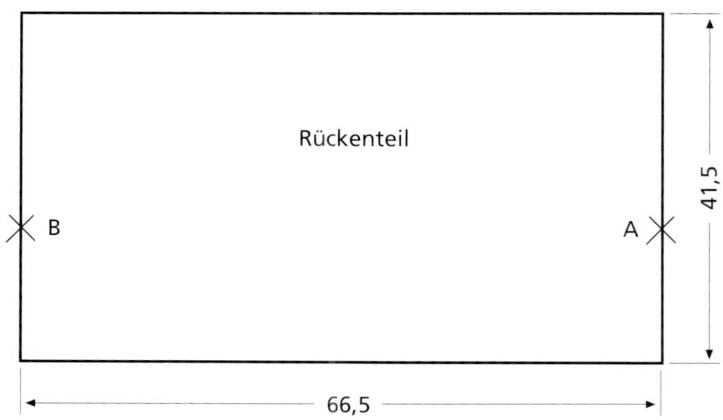

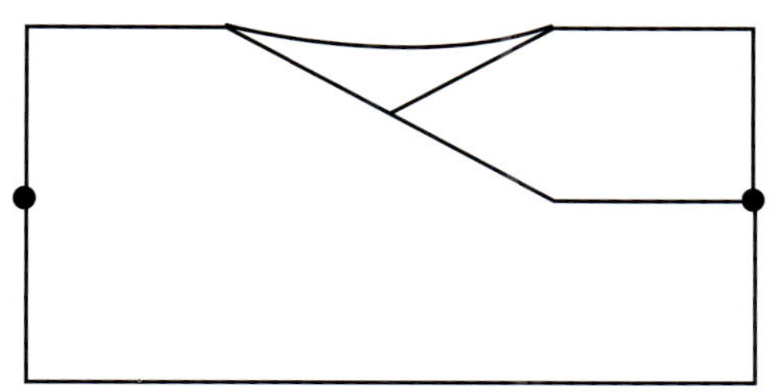

bei A und B
Knopf befestigen

Festliche Tops

Weinrotes Top

Größe: 36/38 und 40/42.
Material: Diva von Schachenmayr (60 % Polyamid, 40 % Schurwolle, Lauflänge 120 m/50 g), 100 (150) g in Burgund Nr. 32, Marabu von Schachenmayr (60 % Polyamid, 40 % Polyester, Lauflänge 75 m/50 g), 200 (250) g in Weinrot Nr. 39; INOX-Rundstricknadel Nr. 5, 80 cm lang.
Rippenmuster: 1 M li, 1 M re im Wechsel.
Kraus: in R Hin- und Rückr re; in Rd 1 Rd re, 1 Rd li.

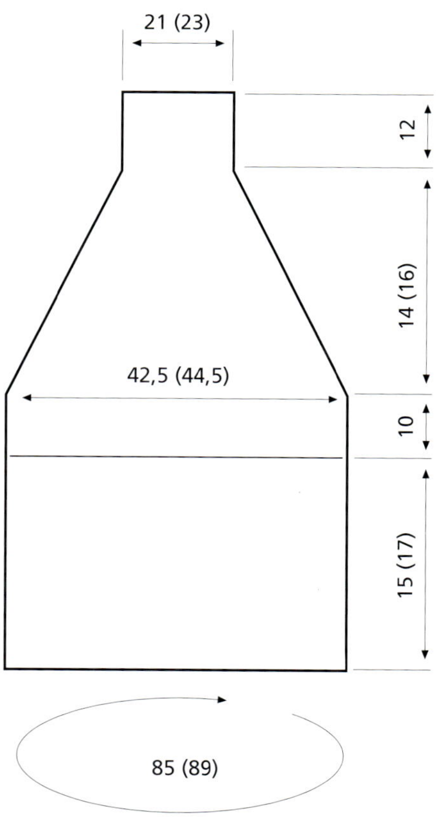

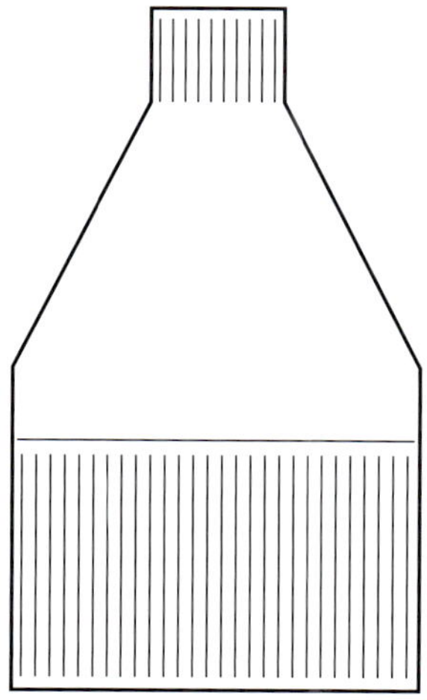

Glatt re: alle M re.
Maschenprobe: 14 M und 22 R = 10 × 10 cm.
Rücken- und Vorderteil: 120 (126) M in Burgund anschlagen und 25 (29) Rd im Rippenmuster, dann 8 Rd in Weinrot kraus str. 60 (63) M für das Rückenteil stilllegen. Mit den übrigen 60 (63) M in R kraus str, dabei in jeder Hinr jeweils die ersten und letzten 2 M zusammenstr, bis nur noch 36 (39) M auf der Nadel sind. 8 (12) R in Burgund im Rippenmuster arbeiten und weiterhin in jeder Hinr jeweils die ersten und letzten 2 M zusammenstr, bis nur noch 30 (33) M auf der Nadel sind. Die Arbeit stilllegen. Das Rückenteil wie das Vorderteil arbeiten, beide Teile zusammenfügen und 10 Rd im Rippenmuster und 10 Rd glatt re str. Die M locker abketten.
Fertigstellung: Die Teile spannen, anfeuchten und trocknen lassen.

Silberfarbenes Top

Größe: 36/38 und 40/42.
Material: Starlight von Schachenmayr (75 % Mikrofaser, 16 % metallisierte Fasern, 9 % Polyester, Lauflänge 45 m/25 g), 350 (400) g in Silber Nr. 81; INOX-Rundstricknadel Nr. 5, 80 cm lang; Häkelnadel Nr. 4.
Grundmuster: glatt re: in Rd alle M re; in R Hinr re, Rückr li.
Rippenmuster: 2 M li, 2 M re im Wechsel.
Maschenprobe: 20 M und 28 R = 10 × 10 cm.
Rücken- und Vorderteil: 60 M anschlagen und für den Stehkragen in Rd im Rippenmuster arbeiten. In der 27. Rd an 2 gegenüberliegenden Seiten jeweils 10 M für die Armausschnitte abketten und 20 M für

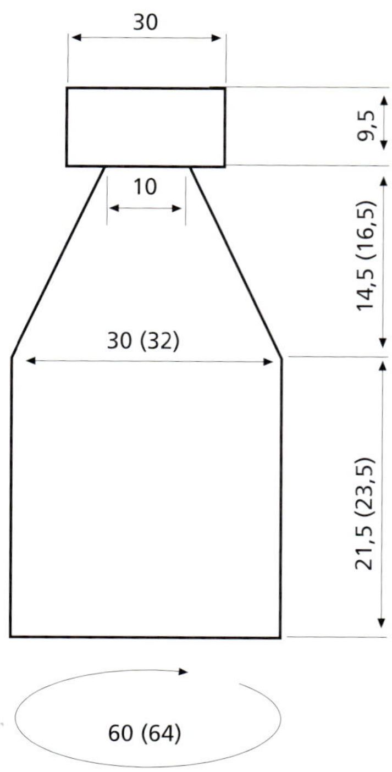

das Rückenteil stilllegen. Mit den übrigen 20 M für das Vorderteil im Grundmuster 40 (46) R str, dabei in den Hinr an beiden Rändern je 1 M zunehmen. Die Arbeit stilllegen. Das Rückenteil wie das Vorderteil str, dann beide Teile zusammenfügen und Rd weiterarbeiten. Für die Taillierung in der 10., 20. und 30. Rd an beiden Seiten jeweils 2-mal 2 M zusammenstr, in der 40., 50. und 60. Rd an beiden Seiten jeweils 2-mal 1 M zunehmen. Bis zur 62. (68.) Rd str und die M abketten.

Fertigstellung: Das Top spannen, anfeuchten und trocknen lassen. Alle Ränder mit je 1 Rd fester M und Krebsm umhäkeln.

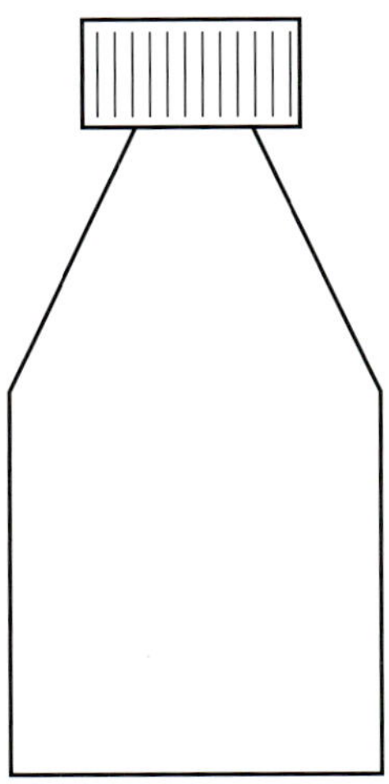

Elegantes Top für den Abend

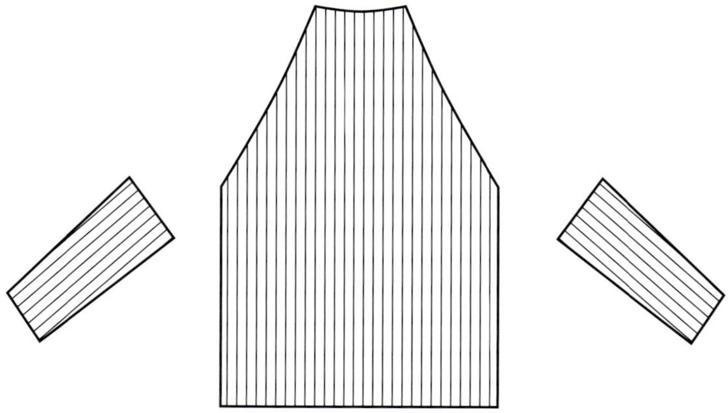

Größe: 36/38 und 40/42.
Material: Scala von Schachenmayr (100 % Polyamid, Lauflänge 75 m/25 g), 250 (300) g in Wald Color Nr. 84; INOX-Rundstricknadel Nr. 5, 80 cm lang; Häkelnadel Nr. 4.
Grundmuster: glatt re: in Rd alle M re; in R Hinr re, Rückr li.
Maschenprobe: 16 M und 20 R = 10 × 10 cm.
Top: 120 (126) M anschlagen und 80 (84) Rd im Grundmuster arbeiten. 60 (63) M für das obere Drittel des Rückenteils

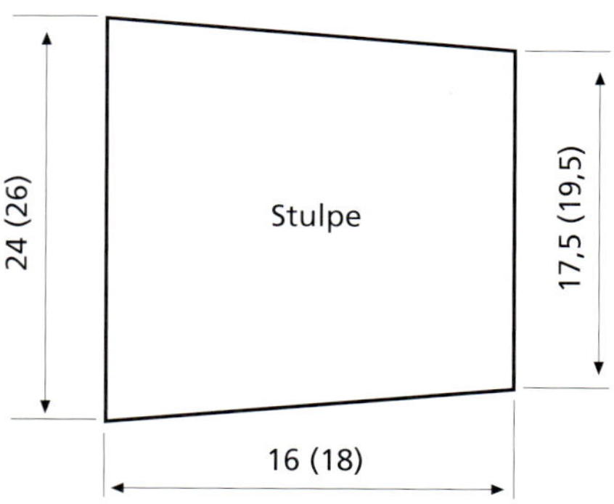

stilllegen. Mit den übrigen 60 (63) M für das Vorderteil 30 (34) R im Grundmuster str, dabei in den Hinr jeweils die ersten und die letzten 2 M zusammenstr. Dann die M locker abketten. Das letzte Drittel des Rückenteils wie das des Vorderteils arbeiten.
Stulpen: Jeweils 38 (41) M anschlagen und 70 (74) R im Grundmuster str, dabei gleichmäßig verteilt an beiden Rändern 5-mal je 2 M zusammenstr. Die M abketten.
Fertigstellung: Die Teile spannen, anfeuchten und trocknen lassen. Die Stulpennähte schließen. Alle Ränder mit je 1 Rd fester M und Krebsm umhäkeln. Rücken- und Vorderteil an den oberen Ecken mit 2 Luftm-Bändern von jeweils 9 (10) cm Länge verbinden.

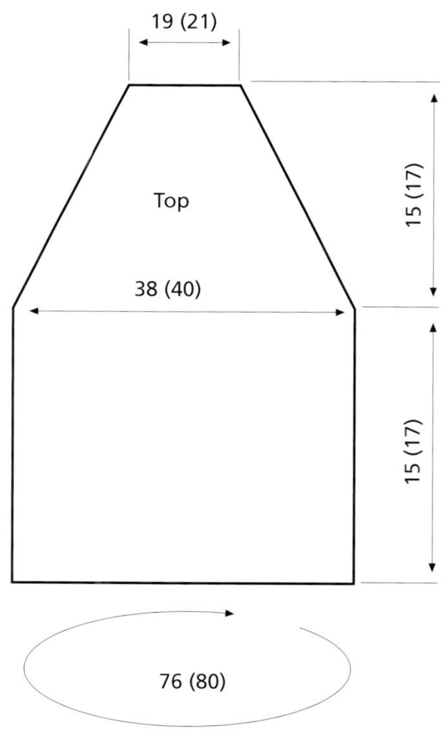

Kleines Schwarzes mit Jäckchen

Größe: 36/38 und 40/42.
Material: Diva von Schachenmayr (60 % Polyamid, 40 % Schurwolle, Lauflänge 120 m/50 g), 600 (650) g in Schwarz Nr. 99; INOX-Rundstricknadel Nr. 4,5, 80 cm lang; Häkelnadel Nr. 4; 3 Metallknöpfe, ∅ 1,8 cm.
Musterfolge: Nach nebenstehender Strickschrift arbeiten.
Maschenprobe: 18 M und 27 R = 10×10 cm.

Kleid

Rückenteil: 65 (69) M anschlagen und in der angegebenen Musterfolge arbeiten. Ab der 122. (127.) R für die Armausschnitte in jeder Hinr an beiden Rändern jeweils 2 M zusammenstr. Bis zur 144. (149.) R str und die M locker abketten.
Vorderteil: Wie Rückenteil arbeiten.
Fertigstellung: Die Teile spannen, anfeuchten und trocknen lassen. Die Seitennähte vom unteren Rand der Armausschnitte ausgehend zur Hälfte schließen. Alle Ränder mit je 1 Rd fester M und Krebsm umhäkeln. Rücken- und Vorderteil an den oberen Ecken mit 2 Luftm-Bändern von jeweils 20 (21) cm Länge verbinden.

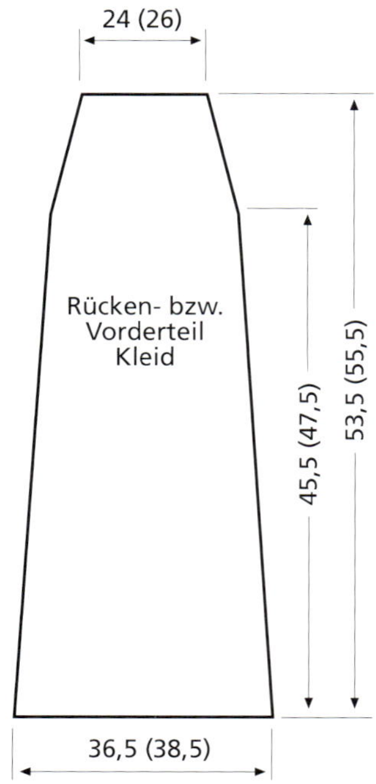

Jäckchen

Rückenteil: 70 (74) M anschlagen und in der angegebenen Musterfolge 74 (79) R str. Die M abketten.
Vorderteile: Jeweils 35 (37) M anschlagen und in der angegebenen Musterfolge arbeiten. In der 58. (63.) R für den Halsausschnitt an der Innenseite 10 M abketten und in den darauf folgenden R am Ausschnittrand 3-mal 2 M für die Rundung zusammenstr. Bis zur 74. (79.) R arbeiten, dann die M abketten.
Fertigstellung: Die Schulternähte schließen, für die Ärmel

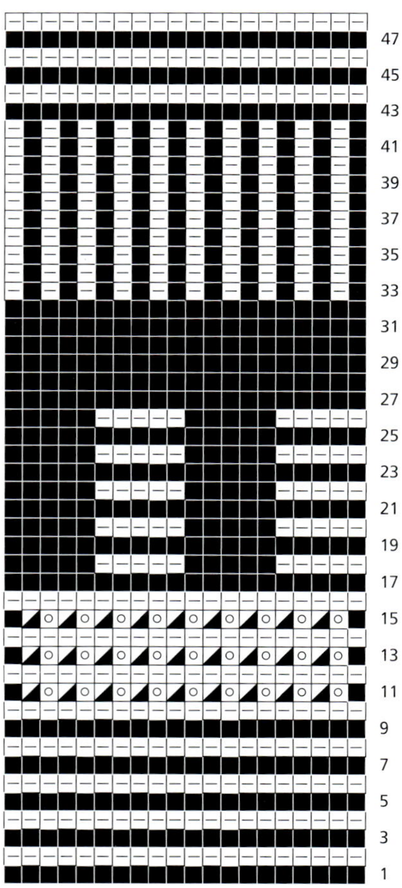

Kleid R 1–48 wdh

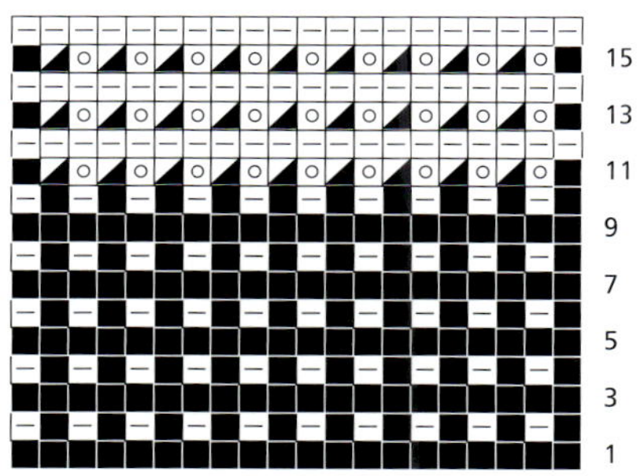

Jäckchen R 1–16 wdh

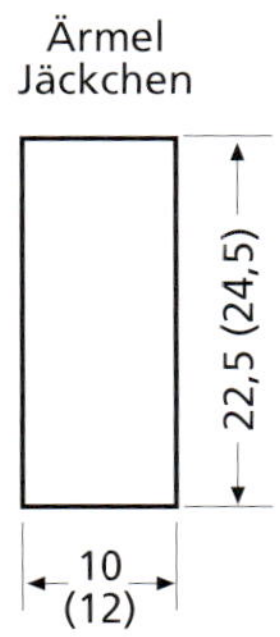

aus dem Rand des Vorder- und Rückenteils je 40 (44) M aufnehmen und 26 (31) R in der angegebenen Musterfolge str. Die Jacke spannen, anfeuchten und trocknen lassen, anschließend

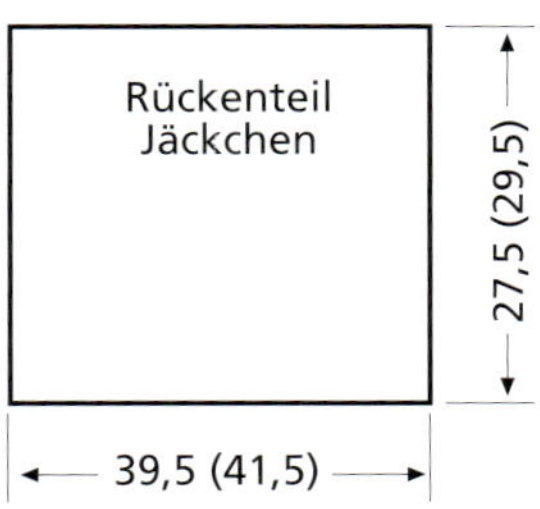

die Seiten- und Ärmelnähte schließen. Alle Ränder mit je 1 Rd fester M und Krebsm umhäkeln und an die rechte Vorderseite als Verschlüsse 3 kleine Schlaufen aus Luftm häkeln. An die linke Vorderseite die Knöpfe nähen.

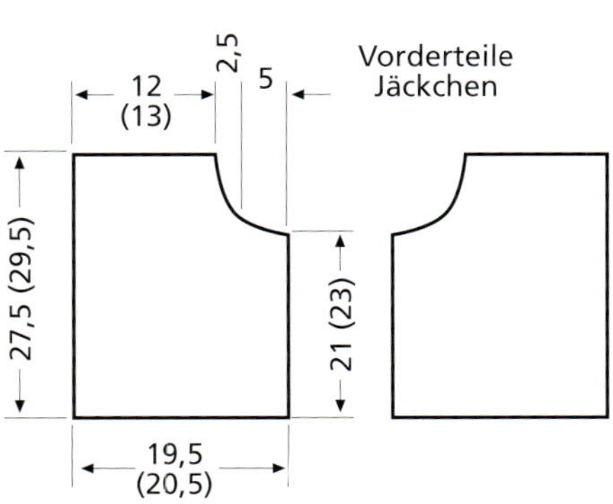

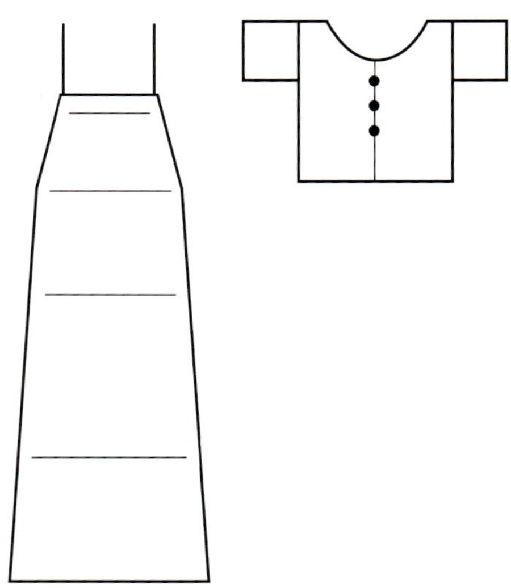

Bei den Modellen in diesem Buch verwendete Abkürzungen:

Hinr = Hinreihe
Krebsm = Krebsmasche
li = links
Luftm = Luftmasche
M = Masche
R = Reihe
Rd = Runde
re = rechts
Rückr = Rückreihe
U = Umschlag
Vorr = Vorreihe
wdh = wiederholen

Erläuterung der Strickschrift-zeichen:

■ 1 M re

⊟ 1 M li

○ 1 U

◢ 2 M re

Legen einer Kellerfalte

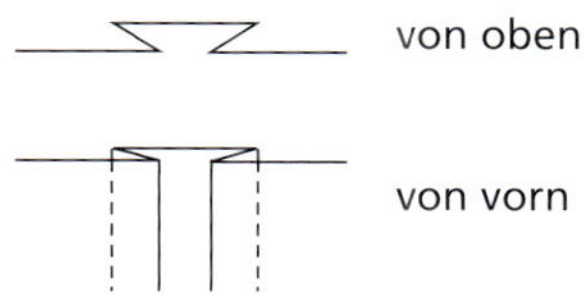

Kordel erstellen:
Das Garn je nach gewünschter Stärke der Kordel doppelt bis vierfach nehmen. An jeder Seite die Enden zur einer Schlaufe legen und verknoten. Die eine Schlaufe fixieren (z. B. an einem Türgriff), durch die andere einen Stift stecken. Den Stift drehen, bis der Garnstrang fest einge-dreht ist. Diesen in der Mitte mit einer großen Schere beschweren, dann beide Enden des Strangs zusammenfassen, in die Höhe halten und die Schere ausschwingen lassen. Die entstandene Schlaufe durch-schneiden und die Kordelenden jeweils verknoten.

Krebsm häkeln:
Feste M von li nach re über-häkeln.